泉惠美子・小泉仁・
築道和明・大城賢・
酒井英樹[編]

すぐれた
小学校
英語授業

先行実践と理論から
指導法を考える

研究社

はしがき

　いよいよ2020年度より，小学3年生から「外国語活動」が，小学5年生から教科「外国語」が完全実施となりました。学習指導要領の大きな改訂により，小学校の先生方は，どのように児童に英語を指導し評価すればよいか，模索の日々が続いていることと思います。時を同じくして，日本児童英語教育学会（JASTEC）が設立40周年を迎え，それを記念して本書が刊行されることになりました。記念出版物としては6冊目になります。まさに，JASTECのこれまでの英知を結集して企画いたしました。類書とは異なる切り口で，すぐれた授業を生き生きと再現・紹介するとともに，その神髄を感じ取っていただき，背景理論についても知っていただくことを目的としています。

　日本児童英語教育学会は，主として幼児・児童を対象とする英語教育についての理論および方法を検討し，あわせて会員相互の研究上の連絡，連携をはかることを目的として，1980年11月に設立されました。現在，関東甲信越，中部，関西，中国・四国，九州・沖縄の5支部から成り，約550名の会員を擁する全国組織の学会です。本学会は，「全国大会」「秋季研究大会」や，各支部における研究大会等を開催し，実践報告，研究発表，シンポジウム等の機会を数多く提供しています。

　本書は2部構成で，第1部は，これまで本学会で発表されてきた先生方による，低学年から高学年まで9つの誌上公開授業「実践編」です。授業中の児童の様子や効果的な取り組みについて再現するとともに，専門的立場から大学教員のコメンテーターに解説をしていただきました。第2部は，授業実践について考える際の理論的根拠や背景知識にあたるものを，実践に関連させてまとめた「理論編」です。児童英語に関する最新の動向を踏まえ，多岐にわたるテーマを扱っています。同僚や仲間との議論や学びの端緒にしていただければ幸甚です。

　COVID-19の影響で，学校現場に多くの対応が求められるなか，玉稿や本文イラストを賜りました先生方に厚く御礼を申し上げます。また，日本の児童・小学校英語教育関係者各位，将来教員をめざす学生・院生の皆様，その他英語教育に関心のある方々に本書を広くお読みいただき，さらなる発展のためにご意見を賜れればと願っております。

　最後になりますが，本書刊行にあたり，企画段階から編集・校正と多大なるご協力とご支援を賜りました研究社編集部の津田正氏および松本千晶氏に心よりお礼を申し上げます。

2020年10月

JASTEC設立40周年記念誌編集委員会

泉惠美子・小泉仁・築道和明・大城賢・酒井英樹

第1部

■

実践編

1節
6年生のティーム・ティーチング授業
——言語活動の工夫

　本実践は，6年生を対象に，学級担任（HRT）と専科教員（JTE）が行ったティーム・ティーチングです。授業の前半では，既習表現を用いたSmall Talkを行い，後半では，3文程度の英語を読む活動に取り組んでいます。これらはそれぞれ「話すこと［やり取り］」，「読むこと」の言語活動で，小学校学習指導要領で新たに取り入れられた領域です。これらの言語活動をティーム・ティーチングで指導するには，2人の教員が指導観を共有して授業づくりや実践に当たることが大切です。本実践では，両指導者が「児童は外国語を使いながら習得していく」という考えのもと，Small Talkで児童が用いる英語の誤りや，伝えたい内容を表す英語表現が分からない状態を，学習のつまずきではなく「学びの機会」ととらえて指導が展開されています。また，英語の文字を扱う場面では，「音声で十分に慣れ親しんだ簡単な語句や基本的な表現」を扱うこととし，児童が楽しく意欲的に「読むこと」「書くこと」に取り組めるような場面設定の工夫がなされています。

1. 授業についての情報

(1) 授業者: 服部将也（岐阜市立長良東小学校　HRT），武部八重子（JTE）
(2) 学　年: 6年生
(3) 単元名: What do you want to be?
(4) 教　材: *We Can! 2*, Unit 8
(5) 単元目標と評価規準

　〈単元目標〉自分のことをよく知ってもらったり相手のことをよく知ったりするために，就きたい職業とその理由，したいことなど，将来の夢について，短い話の概要をとらえたり，互いの考えや気持ちなどを伝え合ったりするとともに，音声で十分に慣れ親しんだ簡単な語句や基本的な表現で書かれた3文程度の英文を推測しながら読んだり，例文を参考に音声で十分慣れ親しんだ語句や表現を用いて書いたりすることができる。

　〈評価規準〉

　【知識・技能】

　〔知識〕▪職業名を表す語句や I want to be ＿＿＿. I want to ＿＿＿. I like ＿＿＿. I can ＿＿＿.

の表現，終止符の基本的な符号について理解している。

〔技能〕▪それらの表現を用いて，将来の夢について，自分の考えや気持ちなどを話したり書いたりする技能を身につけている。また，音声で十分に慣れ親しんだ語句や表現で書かれた友だちの考えや気持ちなどを読んで意味が分かるために必要な技能を身につけている。

【思考・判断・表現】

▪自分のことをよく知ってもらったり相手のことをよく知ったりするために，就きたい職業とその理由，したいことなど，将来の夢について，互いの考えや気持ちなどを伝え合っている。

▪将来の夢について，相手のことをよりよく理解するために，音声で十分に慣れ親しんだ語句や表現で書かれた友だちの考えや気持ちなどを読んで意味が分かっている。

▪将来の夢について，相手によりよく伝わるように，自分の考えや気持ちなどを書いている。

【主体的に学習に取り組む態度】

▪自分のことをよく知ってもらったり相手のことをよく知ったりするために，就きたい職業とその理由，したいことなど，将来の夢について，互いの考えや気持ちなどを伝え合おうとしている。

▪将来の夢について，相手のことをよりよく理解するために，音声で十分に慣れ親しんだ語句や表現で書かれた友だちの考えや気持ちなどを読もうとしている。

▪将来の夢について，相手によりよく伝わるように，自分の考えや気持ちなどを書こうとしている。

(6) 言語材料

【単語】doctor, teacher, baker, artist, fire fighter, zookeeper, dentist, soccer player, bus driver, flight attendant, pilot, farmer, florist, comedian, singer, vet, figure skater, cook など

【表現】I want to be ___. I want to (play / help / teach / make / cook / draw / go to) ___. I like (tennis / science / cooking / animals). I can (play soccer / sing well). など

(7) 準備物

教材に準拠した動画や音声資料，職業名を表す絵カード，教材に準拠した学習プリント，自作学習プリント，資料を提示するための環境（パソコン，ディスプレイなど）

(8) 単元計画（本時は第 5 時）

時	◆ 目標　　○ 主な言語活動
1	◆ I want to ＿＿＿. を用いて，行ってみたい国とその理由について伝え合おうとする。 ◆ いろいろな職業の言い方を知る。 ○ 「行ってみたい国とその理由」について，Small Talk を行う。 ○ 担任などの将来の夢について聞いたり，職業名を表す絵カードを用いたカルタに取り組んだりする。
2	◆ I want to ＿＿＿. を用いて，自分がしたいことを伝え合おうとする。 ◆ いろいろな職業の言い方に慣れる。 ○ 「1 万円あったらしたいこと」について，Small Talk を行う。(*1) ○ 専科教員などの将来の夢を聞いたり，職業名を表す絵カードを用いたカルタに取り組んだりする。
3	◆ I am good at ＿＿＿. を用いて，自分が得意なことを伝え合おうとする。 ◆ 得意なことを伝える表現を言い慣れる。 ○ 担任や専科教員と，また児童同士で，得意なことについてやり取りを行う。
4	◆ I am good at ＿＿＿. を用いて，自分が得意なことを伝え合おうとする。 ◆ 文字で書かれた職業名を推測しながら読もうとする。 ○ 「自分の得意なこと」について，Small Talk を行う。 ○ イラストを手がかりに，英語で書かれた職業名を読むカードゲームに取り組む。
5 (本時)	◆ I want to ＿＿＿. や I am good at ＿＿＿. I can ＿＿＿. などを用いて，将来就きたい職業とその理由，その職業に就いてしたいことについて伝え合う。(*2) ◆ 内容を推測しながら 3 文程度の英文を読み，大まかな内容をとらえる。 ○ 「将来の夢やしたいこと」について，Small Talk を行う。 ○ 3 文程度の英文を推測しながら読み，学級担任などの子どもの頃の夢を当てる。
6	◆ 手本などの英文を参考に，将来就きたい職業とその理由などを書く。 ○ 「将来の夢やしたいこと」について Small Talk を行う。 ○ 手本や単語集などを参考に，タイムカプセルに入れる「私の夢宣言」を書く。
7	◆ I want to ＿＿＿. I am good at ＿＿＿. I can ＿＿＿. などを用いて書かれた友だちの「夢宣言」を読み，大まかな内容をとらえる。 ○ 互いの「夢宣言」を読み，手本を参考に励ましの一言メッセージを書く。
8	Speaking Test ／ Reading & Writing Test，振り返り（単元を通して）

*1 「1 万円あったら」という部分については，イラストなどを提示しながら全体でやり取りし，前提として理解させた上で "What do you want to do?" の投げかけを行うようにする（児童同士のやり取りで仮定法は用いない）。

*2 第 6 時，第 7 時においても，この目標のもと Small Talk に取り組み，単元後半を通じてその達成を図る。

2. 本時の展開

　本時の授業では，前半で「将来の夢やしたいこと」について Small Talk を実施し，後半で，児童とかかわりの深い教員が子どもの頃に抱いていた夢などを書いた英文を読む活動を行っています。Small Talk は，継続的に行っている言語活動で，児童同士の 1 対 1 の対

話を，相手を替えて繰り返し行うことにより，既習表現や対話を継続するための基本的な表現の定着をめざしています。後半の「読むこと」の活動では，児童が音声で十分に慣れ親しんだ語句や表現で書かれた3文程度の英文を推測しながら読みます。ここでは，意味内容に注目し興味を持って読むことをめざしています。学級担任と専科教員のティーム・ティーチングで行う授業では，指導者が授業のねらいや役割を十分理解することが重要ですが，加えて，両者の英語学習や英語指導の考え方を共有することも大切になります。

Small Talk (15分)

① 教員と児童によるやり取りを推測しながら聞き，話す内容や用いる英語表現に気づく。

JTE: Last week, I saw an interesting TV program. It's a program about KidZania. Do you know about KidZania?

Students: Yes. I do!

J: You can be anything in KidZania. You can be a doctor, you can be a scientist, you can be a cook. You can experience various jobs there.

> **授業者より** Small Talk につなげる英語のやり取りでは，本時で児童に使わせたい表現を意識的に使い，教員自身について話すことが有効です。（波線参照）

J: I want to go to KidZania with my son. He wants to be a train driver in the future. S1, what do you want to be in the future?

S1: Um ... I ... soccer player.

HRT: Oh, you want to be a soccer player? That's cool. I want to be a great science teacher. How about you, S2? What do you want to be?

S2: I want to be ... cook.

> **授業者より** 児童の発話が単語のみだったり，不完全な英文だったりする場合，教員は文で繰り返し，やり取りの自然な流れの中で正しい表現を示します。また，つたない英語でも伝えようとする態度を認め，誤りを受容し合える温かい学級経営が大切です。（下線参照）

H: You want to be a cook. That's great. What food do you ... cook?

S2: ???

J: Japanese food, French food, Italian food, Chinese food.... I want to cook

---

Chinese food. How about you? What food do you want to cook?

S2: I want to cook Japanese food.

J: That's nice. ... So, let's talk about dream jobs today.

授業者より 児童が何を答えればよいか分からず沈黙した場合，具体例を示したり，自分の例を挙げて答え方を示したりして，再び問いかけます。（波線参照）

② ①で気づいたことを基に発話を試行し，児童同士が1対1で対話する。

S3: Let's talk about dream(s), OK?

S4: OK.

S3: What dream ... えーと，what dream do you ...? What dream?

S4: I want to be a vet.

S3: Oh, vet. That's nice. Why?

S4: I want to ... ええと…（助けたいって何て言うんだろう）……

授業者より 「まず対話してみる」ことで，児童が「言いたくても言えない」「〇〇は何と言うのだろう」と，必要感をもって③の過程に向かえるようにします。

③ 言いたくても言えなかったことなどについて質問する場を設定して，既習の英語表現を想起したり，簡単な日本語に置き換えてから英語にしたりして，伝え方を共有する。

H: 言いたくても言えなかったことある？

S3: ハイ！「将来の夢は何ですか」っていう，はじめの質問を教えてください。

H: はじめの質問，何て聞けばよかったかな？
　（全体に問いかける）

S5: "What do you want to be?"

H: Very good, S5. S3, 言えそう？　言ってごらん。"What do you want to be?"

S3: "What do you want to be?"

H: Perfect. Anything else?

S4: 「助けたい」って何て言うんですか。

S6: Help! Help!

授業者より 質問に教員がすぐに答えるのではなく，学級全体に問いかけます。そうすることで，他の児童も既習表現を想起したり，どう言い換えればよいかを考えたりできるようにします。

授業者より 言いたくても言えなかった表現について，学級全体を巻き込みながら，言い方を考えます。その際，児童の発話を受け止めながら既習表現を想起したり，単語の羅列でなく文で話すことを意識したりできるように問いかけます。

H: Oh, great! S6, よく知ってたね。

S6: なんか，うたで聞いたことあるもん。

H: なるほど，うたか〜。よく覚えてたね。「助けたい」んだから…

S7: I want to help?

H: Very good, S7.

J: S4 は，誰を助けたいの？

S4: 動物です。あっ，animal?

H: That's right! 文で言うと，どうなりそうかな。

Ss: I want to … help animal(s).

H: You want to help animals. Wonderful! Anything else? …

④　相手を替えて再び児童同士の対話をするなかで，用いる英語表現をより意識して使う。

S7: What do you want to be?

S4: I want to be a vet.

S7: You want to be a vet. That's nice. Why?

S4: I want to help many animals.

S7: That's nice. For example? What animal?

S4: Um … I want to help dog(s) and cat(s).

S7: You like dog(s) and cat(s)?

S4: Yes.

S7: Do you have a dog? … (やり取りは継続)

> **授業者より**　この後，③④の過程を繰り返し，児童は相手を替えて 3 度対話します。児童同士の対話中は英語で話すことを苦手と感じている児童への個別支援を行うとともに，相手の発話にかかわった質問をするなどして，話題を広げている児童の例や，③で共有した表現をその後のやり取りで活かしている様子をとらえ，価値づけます。

推測しながら「読むこと」の活動 (20 分)

① 本時のめあてを提示する。

　　先生たちが小学 6 年生だった頃の「将来の夢」を，読んで当てよう。

② ワークシートの
　配付

H: ワークシートには，
　みんなが知ってい

> **授業者より** 「先生が子どもの頃の夢を知るために」と，目的をもって読めるようにします。特に児童とかかわりの深い教員たちの話題には関心が高く，内容に注目した読みが行われることが期待できます。各教員には，昔の写真の提供と動画への出演を依頼しておきます。

る「あの先生」が 6 年生だった時の「将来の夢」が英語で書かれています。写真も
●年前にタイムスリップしたようですね！　どの先生だろうね？　6 年生だった「あ
の先生」の夢は何でしょうか？　読んで当てよう！

（例）I want to be a pianist . I like music. I can play the piano.　→ 下線部を推測して読み，それを手がかりにピアニストのイラストを選ぶ。（pianist の部分は伏せておく）

---

③ まず 1 人目の教員について，個人で読む。

④ 班で教え合いながら読む。

⑤ 1 人目の教員について，どんな夢を持っていたか，答えを確かめる。

⑥ どの部分から答えを判断したか，全体で交流してから声に出して英文を読む。

⑦ 他の教員の夢についても，同様の英文を読む。

⑧ それぞれの教員の動画を見て英語を聞き，どの教員がどんな夢を持っていたかを確かめる。全員で声に出して英文を読む。

⑨ 個人で新たな英文を 1 つ読み，内容に合う職業のイラストを 1 つ選ぶ。

実際のワークシート（部分）

> **授業者より** ⑨でイラストを選ぶ際に，決め手となった語句に印を付けることとし，答え合わせの際に確認することで，「内容を推測して読む」ことに意識を向けられるようにします。また，児童の学習状況を把握する材料とすることができます。

「書くこと」の活動 (7分)

手本の英文を参考に，下線部を置き換えて，自分の将来の夢について書く。

(例) I want to be a <u>soccer player</u>.

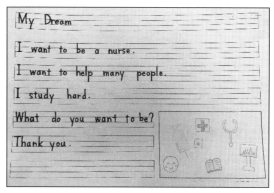

単元終了時の児童の作品例

振り返り (3分)

「何ができるようになったか」「そう考える理由」の2つの視点で，本時の学習を振り返る。

> **授業者より** 本時のめあてを提示する際，次時に「私の夢宣言」を書くこと，書いたものはタイムカプセルで成人式まで保管することを伝え，意欲的に取り組めるようにします。

3. 解　説

　本実践では，単元を通して継続的に Small Talk に取り組まれています。Small Talk は，さまざまな話題について既習表現を繰り返し用いながらその定着を図ること，また，対話の続け方を指導することなどを目的とした言語活動の一つです。本時の活動では，担任と専科教員が既習表現を用いた英語のやり取りに児童を巻き込みながら，児童同士のやり取りにつなげる指導過程がみられます。児童は初め，内容に注目して，教員同士のやり取りや教員と他の児童のやり取りを聞いています。そのうちに，自分が尋ねられたらどのように答えたらよいか，徐々に表現にも注意を向けていきます。そのような過程をたどりながら，児童同士のやり取りへと進められています。しかし，実際に児童同士のやり取りを行ってみると，Small Talk の展開事例②に示されているように，思ったように児童の発話が行

われるとは限りません。そこで，③では，「言いたくても言えなかったことなどを質問させて解決する中間交流の時間」が設定されています。つまり，本時の Small Talk の活動は，「内容を聞く」→「話してみる」→「足りないところを補う」→「再び話してみる」という指導の流れが組まれていることが分かります。一般的には，「目標表現の提示・説明」→「十分な練習」→「児童同士のやり取り」というプロセスが想定されますが，ここでは，それとは異なるアプローチで指導されていることになります（⇒第２部３章２節）。

　このような指導過程を可能にしているのは，指導する側の指導観によるものと考えられます。つまり，外国語の学びにおいて，「わからない」「言えない」という状況が学習のつまずきであるととらえるのではなく学びの機会であるととらえられていることです。「わからない」「言えない」ことから学びがスタートし，「あっ，そうだった！」と思い出したり，「そんなふうに言うのか」と新たに学んだりすることが大切にされています。このような指導者側の姿勢が，児童の学びにも影響し，本授業で紹介されているように中間交流の時間に，児童からは「分からなかったこと」「言いたいけど言えなかったこと」が臆せず発言され，解決され，共有される学びの過程がみられることになります。このような言葉の学習観・指導観を担任・専科教員が共有できていることが重要になると思われます。

　後半の「読むこと」の活動では，児童がこれまで音声で慣れ親しんだ英語の語句や表現を，できるだけ抵抗感なく興味をもって読めるような配慮が必要となります。ここでは，児童にかかわりの深い先生方の子どもの頃の写真に，３文の英文が付けられたワークシートが用いられています。児童が「いったい誰のことだろう？」「どんな夢を持っていたんだろう？」と，書かれている内容を知りたいと思う状況が作り出されています。それにより，英文が表す「内容を知りたい」＝「読みたい（読めるようになりたい）」という児童の意欲を引き出すような活動となっています。その後，映像により登場する教員の英語を聞き，聞き慣れた英語の音声と文字で表された表現とが結びつくという仕掛けは，英語を「読むこと」の学習のスタート地点としてよく考えられた活動となっています。また，「書くこと」の活動では「成人式に開くことになるタイムカプセルに納める『私の夢宣言』を英語で書き表す」という活動の「目的」が示され，数年後の自分や成人となった仲間が読み手となる英文を丁寧に書き上げようとする意欲を高めることにつながります。

　このように，Small Talk では，英語を発話することを通して足りない言葉や表現を補うような学び方，また，「読むこと」では，欲しい情報を手に入れるために書かれた内容を理解しようとする場面の設定など，両指導者が「外国語は使いながら習得されていく」という指導観を共有していることが授業づくりに活かされていると考えられます。

4. 改善のヒント

　Small Talk の中間交流では，児童からさまざまな質問が寄せられることが予想されます。同時に，指導者がすべての質問に答えられるわけではないとの心配もあります。しかし，中間交流でめざされているのは，分からない表現をすべてその場で英語に言い換えることではありません。そこでは，既習の表現を思い出し，既習表現を用いてできるだけ近い内容を言おうと思考することにあります。本時では，「簡単な日本語に置き換えてから英語にしようとする」思考回路づくりがねらいとされています。つまり，その場でのすべての解決を目標とするのではなく，この先の学びの機会でも継続して考えていこうという姿勢で取り組むことが大切だと考えます。

5. 全体を通した留意点

　本実践では，学級担任と専科教員が指導観を共有して授業づくりや実践に当たる必要性について考えてきました。授業者の一人である担任は，6年生の英語授業開始当初は「英語は『覚えて』『暗記してから』使うものである」という学習観・指導観を持っていたそうです。授業に臨む際には「英語をきちんと喋らなくてはいけない。子どもの前で間違えてはいけないと思っていた。そう思うと英語の授業が苦手で嫌だった」と語っていました。その後専科教員との授業実践を重ねるなかで，「自分が知っている表現で組み立てて言えばいいのか。案外簡単な英語で表現できるんだな」と感じるようになり，「それでも，ちゃんと伝わっているんだ。少々間違えていたって大丈夫」と思えるようになったと振り返っています。このような，指導者自身の変容が児童の英語を学ぶ姿勢の変容につながり，今回紹介したような実践を可能にしたものと考えます。指導者は，自身の外国語学習の経験のみにとらわれず，目の前の児童の学びをしっかりと見つめた実践を継続していく必要があるでしょう。

（授業：武部八重子，前書きと解説：巽徹）

2節
5年生のティーム・ティーチング授業
——平和への思いを伝える発表活動

　本実践は，5年生を対象に学級担任 (HRT) と外国語指導助手 (ALT) が中心となり，専科教員 (JTE) をコーディネーターとして3人体制で行った授業です。「総合的な学習の時間」の授業で行った「広島平和学習」をベースに，実際に広島へ足を運び，さまざまな体験を通して平和への思いが深まるなか，各児童がもつ「平和」のイメージを，英語絵本を通して複眼的に拡げたうえで，「平和」のために何ができるかをグループで話し合い，4年生に伝えるといった目的と場面を設定しました。

　指導者の役割分担としては，JTE が中心となり単元計画を作成のうえ，児童の実態を一番よく知っている HRT が主となり友だちと話し合う時間を設定し，その内容を既習表現や簡単な英語で表現するために ALT がフォーマット作成を行いました。また，指導者間での英語のやり取りの場面を多く設定しています。ICT 教育も組み合わせ，話し手の5年生がタブレット端末を使って行う発表活動は，聞き手の4年生が内容理解をするための視覚的補助ともなっています。

1. 授業についての情報

(1) **授業者:** 高野北斗 (ノートルダム学院小学校　HRT)，Alex Carrol (ALT)，田縁眞弓 (JTE)

(2) **学　年:** 5年生

(3) **単元名:** Peace Project 2019 「私たちが平和のためにできることを伝えよう」

(4) **教　材:** 絵本 *The Peace Book* (by Todd Parr, Little, Brown Books for Young Readers)，*Enjoy! Phonics 1* (増進堂・受験研究社)，"Down by the Bay" (Nursery Rhymes by The Learning Station)，オリジナルワークシートおよびパワーポイント教材

(5) **単元目標と評価規準**

　〈単元目標〉自分たちが平和のためにできることを，伝える内容を整理した上で，友だちに伝えたり，書かれた例文を参考に，音声で十分慣れ親しんだ語句や表現を用いて書いたりすることができる。また，4年生に伝える目的をもって自分たちの思いを発表しようとしている。

　〈評価規準〉

【知識・技能】

▪ 平和に関する語彙や表現を理解し，平和のために何ができるかを伝える技能を身につけている。また，それらの簡単な語句を書き写す技能を身につけている。

【思考・判断・表現】

▪ 平和についてできることを4年生に伝えるために，平和に関して，自分の考えや気持ちを伝え合っている。

【主体的に学習に取り組む態度】

▪ 平和についてできることを4年生に伝えるために，他者に配慮しながら，平和に関して，自分の考えや気持ちを伝え合おうとしている。

(6) 言語材料

【受容語彙・表現】**Peace is** (making friends / keeping the water blue for all the fish). など

【発信語彙・表現】

▪ **Peace is** (reading books / playing outside / playing the piano / praying / helping people / singing and dancing / playing music / relaxing / cleaning up / sharing with others / having food and drink / not wasting things / being thoughtful). など

▪ **We can** (say "Thank you" / help others / use an eco bag / collect Bellmarks / reduce, reuse and recycle / save water). など

【反応表現】Thank you for your speech. I like it. It's a good idea! I like your idea. I think so too.

(7) 準備物

教材に準拠した動画や音声資料，資料を提示するための環境 (パソコン，ディスプレイなど)

(8) 単元計画 (本時は第7時)

時	◆目標　　○主な言語活動
1	◆ 平和に関する語句や表現を知る。 ○ 絵本の読み聞かせを通して，平和に関する語句や表現を知る。
2・3	◆ 平和についてできることを考える。 ○ 世界の子どもたちの実例を聞いて分かる。
4・5	◆ 平和についてできることを伝え合う。 ○ 自分のできることを友だちと伝え合う。
6	◆ 平和についてできることを班で話し合う。 ○ 班で協働しながら，自分たちの意見を，例を見本に書く。
7 (本時)	◆ 平和についてできることを伝える。 ○ 平和について自分たちができることの伝え方のよりよい方法を考える。
8	◆ 平和についてできることを4年生に伝える。 ○ 他者意識をもって，平和に対しての自分たちの意見を伝える。

2. 本時の展開

　本時は，発表本番前のリハーサル授業です。発表形式やパフォーマンス評価のルーブリックを共有したうえでの全体中間振り返りも，最終ゴールに向けた児童の学習改善に役立っています。JTE は，他の教員に指示を与えつつ授業全体のコーディネート役を務めました。単元を通して短時間で帯活動として行っている，うたを用いた音韻認識の指導手順にも注目してください。次時の発表活動に向け児童がイメージを持てることを大切にしました。

挨拶 (1 分)

Student 1 & 2: Let's start English class. Stand up, please.

ALT: Good morning, everyone.

Ss: Good morning, Hokuto sensei, Alex sensei and Mayumi sensei.

A: How are you today?

Ss: I am fine, thank you. How are you?

A: I feel great. How about you? Hokuto sensei.

HRT: I am excited!

A: Why are you excited?

H: Because we have many guests today.

A: That's right. How about you? (日直に向かって)

S1: I am good.

S2: OK.

A: All right. Let's start our lesson today. First, let's take a look at our lesson plan.
（授業の流れを示しながら確認をする）

Today, it's your final rehearsal.

> **授業者より** その日の日直 2 人が前に立って朝の挨拶をリードします。挨拶に引き続き，スライドを示しながら本時の授業の流れを紹介していきます。

> **PPT 画面**
> Today's Lesson Plan
> 1. Speech practice in group
> 2. Speech rehearsal Part 1　(check)
> 3. Speech rehearsal Part 2
> 4. Song and worksheet
> 5. Furikaeri time

「聞くこと」の言語活動——先生クイズ（5分）

H: What do you have in your hand, Alex sensei?

A: I have a note from someone you know very well.

H: We know very well? A teacher?

A: Yes. A teacher of this school.

H: Oh, you have a note from some teacher. What is it?

A: OK. I will read it. So, listen carefully.
　　（英語でメモを読み上げる）

Ss:（どの先生のメモか考えざわざわする）

A: Do you want to see the note? Here.
　　I will show you, so we can all read it together.

> **授業者より** ALTが児童のよく知る先生になりきり「平和についてできること」を読み上げ，児童は聞き取ってどの先生か考える活動を行います。その答え合わせとして，教員と一緒に文字を目で追いながら確認することで、文字を読む必然性も与えています。

> **PPT画面**
>
> Hello. My name is ×××.
> Peace is a <u>beautiful nature</u>. <u>Saving plastic bags</u> is important!
> This is our peace project.
> We have <u>an eco bag</u>. We <u>save plastic bags</u>.
> What can you do for peace?
> We hope you can join our project. Thank you for listening.
> 　＊太字はフォーマット部分　下線部がオリジナル

H: Who knows the answer? Raise your hands.

S3: ○○先生？

H: Who thinks it's ○○ sensei.（全員が挙手）

A: That's right, it's ○○ sensei.

ルーブリックの表示とグループ練習（7分）

H: Do you remember the important points of your presentation? Let's check them.
　　（次ページのルーブリックを表示。内容はすでに授業で教員が日本語で読み上げ，確認済み）

項目	できたかな？	A	B	C
①英語は？	相手に伝わる声とはやさで話す。	はっきり聞こえる声と相手に伝わる話しかたができた。いくつかまちがったが，なんとか話した。	なんとか相手に伝わる声と発音で話すことができた。いくつかまちがったが，なんとか話した。	声も発音も不明瞭だった。正しく言えなかった。途中で止まってしまった。
②内容は？	相手に分かるように発表内容をまとめている。伝えたいメッセージが伝わるように表現できている。	内容がまとまり，よく分かった。メッセージがはっきりと伝わった。	内容がまとまっていないところもあったが，だいたいの内容は分かった。	内容がまとまらず，何を伝えたいのかが分からなかった。
③伝えるための工夫は？	聞き手の顔を見ながら，内容に合わせたジェスチャーや絵を見せている。	相手とアイコンタクトを取り，ジェスチャーもふんだんに使った。絵をタイミングよく見せていた。	ときどき相手を見ることができ，ジェスチャーも意識して少し使えた。	相手を見ることやジェスチャーができなかった。
④グループの協力は？	発表の流れを作り，またグループ全員でタイミングをはかろうとする。	グループの発表として流れがあった。全員できっちりと合わせられた。	発表の流れが少し止まることもあるが，声をかけあって続けられた。	発表の流れが止まっていた。

A: We give you 5 minutes to practice in group, so please move your desks. Are you ready? Go! (児童は班に分かれ，それぞれが台本を手に持って立ち稽古を始める)

(一通り最後まで練習した後で)

S1: あの，名前言う時は，一歩前に出て一人ずつ自分の胸に手を当てたほうがよくない？ こんな感じで　Hello, my name is 〇〇 . (やって見せる)

S2: チームの名前言う時は？

S3: 全員で声合わせよう。

S4: 分かった，もう一回じゃあ最初から。

リハーサル 1 (7 分)

H: OK. Are you ready to start?

A: Presenters, please go to your position and be ready. Listeners, you also sit in front of the presenters. Say the comments or ask questions after the presentation. Let's start! （児童は 3 チーム同時に発表を始める。終わると聞き手の児童はコメントを言い，次の班へと移動する）

中間振り返り (5 分)

H: Any volunteers to present in front? Group A, can you do it? (グループ A の発表)

S1: Hello. My name is ×××. (あと 4 名それぞれに)

S1: Our team name is ND Super stars. (全員で声をそろえて)

S2: Peace is keeping clean water for everyone. (タブレット端末で画像を示している。以下同様)

S3: Saving water is important!

S4: This is our peace project.

S5: We stop water when we brush our teeth. (歯磨きのジェスチャーとともに)

S1: We clean our lunch plates with bread after lunch.【発表のママ】(給食のお皿をパンでふくジェスチャー)

S2 & S3: What can you do for peace?

S4 & S5: We hope you can join our project.

S1〜5: Thank you for listening.

H: Any advice for Group A?

A: Yes. Please give them good advices so that they can make a great pre-sentation in front of G4 pupils.

H: Japanese is OK.

S6: もっと顔をあげて言ったほうが良いと思います。Eye contact?

A: (ルーブリックの該当する部分を示し) Yes. Eye contact can make it better.

S7: Clear voice. Good.

H: Yes, I think so too. Very nice clear voice. (ルーブリックを示す)

H: Now, please change the parts and do the rehearsal. Are you ready? Let's start.

> **授業者より** 前半のリハーサルが終わった時点での中間振り返り。ルーブリックを示しながらみんなで振り返りをすることで視点を共有し，後半の発表の改善につなげます。

リハーサル 2 (10 分)

*児童を 6 班に分けて 3 班が発表，残りの 3 班が聞き手となり順番に 3 つの班の発表を聞く。前半で発表グループは異なる聞き手を相手に 3 回発表することになる。

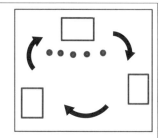

うたを使った音と文字の指導 (6 分)

A: Are we ready to sing a song? Let's sing "Down By the Bay." (音源と一緒に歌う)

A: Good job! Hokuto sensei, do you remember what word rhymes with "duck?"

> **授業者より** 本単元で何度も歌詞を見ながら歌ってきたものなので，第 7 時ではその気づきを確認する活動を行います。

H: A "truck?"

A: That's right. "Duck" and "truck," they rhyme. How about "goat?"

S1: "Boat!"

A: Anything else?

S2: A "coat."

A: Good. Let's do some review of rhyming words. Can you repeat after me? /an/an/can

Ss: /an/an/can (続ける)

A: Now, it's Quiz Time. What word rhymes with "bat?"

H: Rhymes with "bat?" (黒板に bat と書く) Anyone? (児童に挙手を促す)

can　　fan　　pan　　van

S1: "Cat."　　H: Yes. Cat. (黒板に書く)　Anything else?

S2: "Hat."　　H: Hat. Good!

S3: "Mat."　　H: Good job. Mat. Alex sensei. Can you read them?

> **授業者より** ALT とのティーム・ティーチングを活かして，オンセット・ライムの異なるものを紹介し，児童自ら共通する音に気がつくような活動を行います。

A: Bat, cat, hat, mat.

Ss: Bat, cat, hat, mat.

H: OK. Today we have a challenge worksheet. Let's try it.

本時の振り返り（3分）

H: 今から授業の振り返りをします。先生が一つずつ読み上げますので，一緒に考えな
　がら〇をつけ，そのあと，今日気がついたこと，感じたことを書いてください。

> **授業者より** 振り返りは HRT と一緒に日本語を使って行います。本時では以下３つの質問を４段
> 階に設計した答えから選ばせ，自由記述の欄を設けました。
> Q1: 平和についての発表が言えますか。【ルーブリック項目①】
> Q2: 平和についての発表で相手に伝わる工夫ができますか。【ルーブリック項目③】
> Q3: 班で協力しながら発表ができますか。【ルーブリック項目④】
> 　＊ルーブリック項目②は別に発表原稿の記述分析で評価しているのでここには含まない。

終わりの挨拶（1分）

A: Class leaders. Come in front.

S1 & S2: Let's finish English class. Stand up, please. Thank you very much.

Ss: Thank you very much.

A: You did a great job! Good bye, everyone.

Ss: Good bye, Alex sensei, Hokuto sensei and Mayumi sensei.

3.　解　説

　本授業の特徴は，英語を使う目的と場面・必然性を与えていることです。まず，「総合的
な学習の時間」と「平和学習」を英語の授業とリンクさせ，児童の体験に基づく平和への
思いを柱に，興味を持つ単元・題材が用意されています。次に，心を動かし，思考を促す
活動設計と，意味・内容を中心としたコミュニケーション活動を意識した最終ゴールが設
定されています。児童に平和について自分たちができることを考えさせ，自分たちの意見
を下級生（4年生）だけでなく，ALT やネパールの姉妹校の小学生にも伝えるとして，英語
で発表することの必然性も与えています。英語の授業では，意味ある文脈のなかで，どの
ような内容を誰に何のために伝え合うのかという目的を設定し，伝えたいという気持ちを
高めることが重要です。

　次に，指導体制として，ティーム・ティーチング (TT) のよさが活かされています。HRT が中心になりつつ，ALT がやり取りのなかで自然な英語を多用しながら，児童を引き付けたり，児童が分かりにくそうな語彙や表現があれば，JTE が児童の代弁者として聞き直したりする場面が多くみられました。それぞれの役割を活かしつつ，自然な流れで楽しく授業が進行しています。本時のポイントを授業の流れに沿って見ていきましょう。

　挨拶の場面では，ALT が決まりきった表現だけでなく，"I feel great." と言ったり，"Why are you excited?" と尋ねたりして，自然な表現を用いたり，会話を広げたりする役割を担っている点が特徴です。また，日直の児童が前に出て，児童自身が活動を進めるなどして，主体的な参加を促すようにしています。その後，PPT 画面で本時の流れとめあてを確認することで，児童に見通しを持たせて学習に取り組ませています。

　「聞くこと」の言語活動では，ALT が実物 (メモ) を用いながら HRT との自然な英語で語りかけ，児童を引き付けています。HRT: What do you have in your hand, Alex sensei? ALT: I have a note from someone you know very well. HRT: We know very well? A teacher? HRT は児童が分かるように繰り返したり確認したりしながら，やり取りを展開します。ALT: Yes. A teacher of this school. HRT: Oh, you have a note from some teacher. What is it? 児童はどの先生だろうと考えざわつき始めます。ALT: OK. I will read it. So, listen carefully. まさにここに，聞きたい，知りたいといった児童の思いが引き出されています。また，PPT 画面で文字を示し，音声で慣れ親しんだ文を読ませ，後の発表活動につなげています。児童がよく知っている教員を題材とすることで，児童の興味と関与度を高めることもできます。

　本単元の最終活動として「話すこと [発表]」が設定され，パフォーマンス評価 (⇒第 2 部 6 章) を行っていることも先進的な取り組みと言えます。グループ練習の前に，教員自作のルーブリックを児童と共有し，日本語で読み上げて確認しています。また，このルーブリックは本時以前に 2 回児童に示しているので，児童は望ましい発表の姿を知り，それに向けて頑張り練習を行うことで最終パフォーマンスの出来栄えがよくなると考えられます。その際，発表フォーマットをあらかじめ定め，それに当てはめた教員の意見をいくつも聞かせる活動を通して文字にも自然に触れるように工夫しています。また，単元の早い時点で班を決め，協働学習としたことが，児童同士で協力する姿につながり，個々の負荷を低くしたように思われます。個によって異なる平和の定義を，分かりやすい絵と簡単な英語を使った絵本の読み聞かせで導入したことも，児童の豊かな発想につながっています。

　発表をポスタープレゼン形式で行い，クラスを 6 班に分け，3 班ずつ聞き手と話し手に分かれ順番に回る活動形態も高学年にふさわしいと思われます。異なる相手の前で同じ発表を 3 回することで，児童が次第に自信をもって発表する様子がみられました。また，途

中で中間振り返りを行い，HRT: Any advice for Group A?　ALT: Yes. Please give them good advices so that they can make a great presentation in front of G4 pupils. と発表のよい点や改善点，内容についてどんな質問が考えられるか，などを児童とともに考えています。時には HRT と ALT でよい例と悪い例などを示し，どこがよいかを問いかけるのも，評価の具体化ができてよいでしょう。

　本実践では，単元を通して，学習到達目標，Can-Do 評価と振り返り，パフォーマンス課題と評価により，単元の最初・途中・発表前と発表後にルーブリックと紐づけした Can-Do 評価シートを用いて児童に振り返らせることで，自己の成長を感じ，次時を楽しみに待つ児童の様子がうかがえました。児童が次の目標を設定し，粘り強く取り組み，その過程と結果を振り返るといった自己調整学習を通して，メタ認知能力を育て，学びに向かう力を高めることができます。指導者も計画・実践・省察・行動の PDCA サイクルを通して，授業改善につなげることが大切です。

　最後に，単元を越えて短時間で扱う活動として，英語圏では幼児向きに使われている "Down by the Bay" といううたを繰り返し聞いたり歌ったりするなかで，オンセット・ライムと呼ばれる音に注目させ，同じ音に気づかせる活動を取り入れているのも大きな特徴です。本校では，英語の音韻認識能力を培うため，うたやジングル，絵本やワークシートを用いた丁寧な読み書きの系統的・継続的な指導が行われていますが，まさに JTE がいるからこそできる指導ではないでしょうか。読み書き指導が始まると，児童の習熟度の差が目立ってきます。苦手な児童への個別の支援や働きかけが必要です。TT の場合は，机間指導のなかで，声をかけたり支援したりすることがよりしやすくなるでしょう。

4. 改善のヒント

　高学年の児童が他教科における学びを通して深めていた思考力を，英語の授業のなかでいかに活かし，発表活動に導くかということを考える必要があるでしょう。また，児童の本当の思いを伝える発表活動を行う場合，どれくらい語彙や表現の自由度を上げるか，またその助けを誰が行うのかといった点と，グループの発表をどのように評価するかという点も課題となります。さらに，児童同士でアドバイスの内容を高めるにはどうするかを考え，グループ発表後の質疑応答で，互いに感想を言ったり，質問ができたりするようになれば，発表とやり取りを統合した活動になるでしょう。

5. 全体を通した留意点

　本実践では，HRT・ALT・JTE の 3 人体制で，「聞くこと」の言語活動や，やり取りを通して英語を用いるモデルを見せることができ，自然で理解可能なインプットが与えられています。HRT と ALT がやり取りしながら繰り返しを多くしているので，理解しやすい英語となっているのに加え，実物のメモがあり，具体的にどのことを意味しているのかが分かりやすくなっています。ALT がいるからこそ英語が飛び交う状況が生まれるのでしょう。また，JTE は英語の知識，運用能力に加え，児童が推測を働かせながら理解することができるようにインプットを調整することができます。さらに，HRT の学級経営力を土台に教員の思いに沿った丁寧な指導で，平和と環境をテーマにした内容言語統合学習が行われています。

　発表自体も，単に意見を伝えるのではなく，「明日から君たちも一緒にやらないか」と 4 年生を説得する内容にしよう，と HRT が繰り返し伝えたことが，高学年の発達段階にふさわしい知的な活動になったと思われます。ダイナミックに活動を計画し，児童同士の成長に教員がそれぞれの立場でどのように関わるかが大切で，主体的・対話的で深い学びの創造になっています。

　他方，タブレット端末を用いた発表活動になっており，自分たちで情報を探し，集め，画像や映像を貼り付け，他者に分かりやすく伝わりやすいように順番を考えたり，ジェスチャー（非言語コミュニケーション）も交えて伝えたりという工夫を促していることも特筆すべき点でしょう。コミュニケーションを行う目的や場面，相手等に応じて，伝える内容を整理したり，選んだり，表現する工夫をするといった「思考力，判断力，表現力等」を働かせる場や機会を与えています。情報活用能力，協働的問題解決能力を培うためには，グループで役割分担と協力を行わせ，責任を持たせて取り組ませることも重要です。高学年の高次思考力を活用し，魅力的な発表用スライドを準備し，何度も相手を替えて発表する場面を設定するなかで，成功体験により自己肯定感や有能感が高まります。

　このような授業に取り組む場合は，年間指導計画の際に，行事や他教科の内容も含め学校全体でカリキュラムを考え，教員同士で協働して取り組む必要があります。発表活動におけるパフォーマンス課題や評価は，国語科でも取り組むことができます。児童のどのような力をどの科目や授業で育てるのかといった全体像を，教員で共有する必要があるでしょう。

（授業：田縁眞弓，前書きと解説：泉惠美子）

3節
5年生の技能統合型授業
——単元学習と「書くこと・読むこと」

　　小学校学習指導要領では5領域の目標や言語活動の例が示されています。それらは，いずれも領域ごとの個別の目標や言語活動です。しかし，実際の指導の場面では，個別に指導することもありますが，聞いたことについて話したり，話したことについて書いたりするなど，領域を統合した言語活動を行う機会も多くなっています。特に小学校段階では，長い時間，聞き続けたり，話し続けたり，読み続けたり，書き続けたりする1領域のみの単調な活動は，発達段階や学習レベルから考えても難しいでしょう。むしろ，各領域を関連づけて統合しながら活動を創っていくことが個別の技能の習得にも効果的です。本実践では自然な言語活動のなかで4技能5領域が効果的に統合されています。

1. 授業についての情報

(1) **授業者:** 山中隆行（琉球大学教育学部附属小学校　JTE），Tania Hitomi（ALT）

(2) **学　年:** 5年生

(3) **単元名:** Where is the treasure?——小学校生活で大切な宝物

(4) **教　材:** *We Can!1*, Unit 7

(5) **単元目標と評価規準**

　〈単元目標〉小学校生活で大切な宝物を紹介するために，宝探しをしたり，宝物について自分の考えや気持ちを伝え合ったりすることができる。

　〈評価規準〉

　【知識・技能】

　〔知識〕▪物の位置や道を尋ねたり答えたりする表現を理解している。

　〔技能〕▪物の位置や道案内の表現を用いて，実際に道を尋ねたり答えたりする技能を身につけている。また，簡単な語句などを書き写す技能を身につけている。

　【思考・判断・表現】

　▪小学校生活で大切な宝物を紹介するために，宝探しをしたり，宝物について自分の考えや気持ちを含めて伝え合ったりしている。また，簡単な語句などを推測しながら読んでいる。

【主体的に学習に取り組む態度】

- 小学校生活で大切な宝物を紹介するために，他者に配慮しながら，宝探しをしたり，宝物について自分の考えや気持ちを含めて伝え合ったりしようとしている。

(6) 言語材料

【単語】school bag, pencil, pencil case, book, note book, desk, ruler, eraser, pen, pencase, plastic board, calendar, crayon, friend, teacher, family, school guard, school nurse, math, P.E., computer room, library, glasses, school lunch

【表現】Where is the treasure? What is your treasure? Go straight. Turn（right / left）. It's（on / in / under / by）____.

(7) 準備物

単元の見通し（パワーポイント），ワークシート（宝物紹介用），Treasure list（学級の宝物を集約したワードリスト）

(8) 単元計画（本時は第4時）

時	◆目標　○主な言語活動
1	◆ 物の位置を表す表現を知る。 ○ Let's Watch and Think などの内容を推測しながら聞くことで，物の位置を表す表現を知る。
2	◆ 互いに道を尋ねたり答えたりして宝探しをする。 ○ Activity を通して，互いに道を尋ねたり答えたりして宝探しをする。
3	◆ 友だちと自分の宝物を紹介し合う。 ○ Let's Talk を通して，自分の考えや気持ちを込めて宝物を紹介し合う。
4 (本時)	◆ 宝物紹介の内容を英語で書いたり読んだりする。 ○ Let's Write や Let's Read を通して，音声で慣れ親しんだ宝物の内容を書いたり読んだりする。
5	◆ 宝物紹介の発表練習をする。 ○ ペアでよりよい伝え方を考えながら，宝物紹介を行う。
6	◆ 小学校生活で大切な宝物を発表する。 ○ Presentation を通して，伝える相手やよりよい伝え方を意識して，大切な宝物を紹介する。

2. 本時の展開

　本時は，単元を通して技能統合をめざした第4時の展開となっています。単元終末の「小学校生活で大切な宝物を発表しよう」をゴールに，第1時から「聞くこと」→「話すこと［やり取り］」→「書くこと」→「読むこと」→「書くこと」→「話すこと［発表］」という

活動の流れとなっています。以下は，第4時の主に「書くこと」「読むこと」の技能統合をめざした展開です。

Greetings (5分)

ALT: Good morning, everyone.

Students: Good morning, Tania sensei and Yuki sensei.

A: How are you today?

Ss: I'm happy. I'm fine …

A: Who is happy?

JTE: One, two, three … (挙手した人数を数えている). S1, why are you happy today?

S1: 日本語でいいですか？

J: Okay.

S1: 今日，ナップザックが完成しました。

J: Oh, you made a knapsack today. You made it in your home economics class? You finished sawing it? Is it good? Good one?

S1: Yes. Yes. Yes.

J: Anime characters on it? Anime characters like *Doraemon, Kitty chan* … Please show me.

S1: (完成したナップザックを見せている)

J & A: Wow!!

A: That's nice!

J: (野球のジャイアンツのロゴが描いてある) It has a Giants logo. Do you like baseball?

S1: Yes.

J: I like Giants, too. I like Sakamoto.　Who is your favorite player?

S1: I like Sakamoto, too.

(以下省略)

Small Talk (8分)

J: It's Small Talk Time. You are going to talk about your treasure for your school life with your pair. Remember?　No Japanese.

Ss: うぉーーー。

J: Challenge. No Japanese, challenge. You have one thirty. No Japanese. Ready? Start.

（やり取りの様子）

> **授業者より** ▶ 5 年生では，基本的に教員の Small Talk を聞くことが中心ですが，6 年生に近づいているので，本単元から児童同士の Small Talk に挑戦しています。

S2: Hello. What is your treasure for ... school ... life?

S3: Uh ... my treasure is my glove.

S2: Glove?

S3: Uh ... baseball. Baseball. （ボールを取るジェスチャー）

S2: Uh-huh. That's nice.

S3: How about you?

S2: My treasure is ... my glass(es). （メガネをさわりながら）

S3: Really? Why?

S2: Because, ... uh ... blackboard no see. (I cannot see the letters on the blackboard without the glasses. の意味と推測)

S3: O.K. O.K. I see. （タイマーが鳴る。終了）

（以下省略）

本単元の見通しおよび本時のめあて（5 分）

J: Look at this. （パワーポイントで単元の流れを確認しながらのやり取り）いよいよ終盤に差し掛かってきました。ちょっと読んでみよう。

Ss: 宝物はどこにある？

J: 最後ね。今日は 4 回目なんだけど，最後は何するんだっけ？

Ss: 小学校生活で大切な宝物を紹介しよう。

J: 1 回目は，道案内の表現を練習して，2 回目は宝探しして，先週，前ね。何やったか覚えている？ 3 回目。

Ss: …… （思い出している）

Ss: 小学校で大切な宝物を話した?!

J: 横チャット。縦チャットやったの覚えている？

Ss: あぁー。

J: 今日はこれ。

Ss: 宝物紹介を英語で書いてみよう。

J: ちょっとみんなで読んでみよう。（黒板のめあて）

Ss: 宝物紹介を英語で書いてみよう。

J: 今日書けたら，来週練習して発表になります。

Let's Write（10分）

J: So, today you are going to write. This is a new worksheet. I will give it to you later. First, I will show you how to write. Watch carefully. （実際に黒板に書いて見せている）For example. My treasure is ... do you remember?

Ss: Red pencil? Students' picture?

J: Yes. Red pencil and students' picture and ... a new treasure! Teacher.

Ss: 誰？

J: My treasure is Tsutomu sensei.

Ss: あぁー!!（教員がつとむ先生と仲がいいことを知っているので歓声が起きた）

J: Tsutomu sensei is my friend. So I will write ...My treasure is ...

Ss: My friend.

J: My treasure is my friend. He is always by my side.

Ss: By my side?

J: Yes. Tsutomu sensei always supports me. Help me.

Ss: あぁー。

> **授業者より** Let's Write の取り組み方を黒板で示している場面です。前時までの授業で，教員の宝物が「赤ペン」や「学級の集合写真」であることを紹介しています。ここでは，書くお手本を見せながら，教員のもう一つの宝物である「つとむ先生（同僚）」を紹介しています。

J: I like Tsutomu sensei. Thank you.

J: So, writing time. Any questions? Clear?

Ss: Yes... No...

J: OK. One more example. For S4. My treasure is a Disney blue pen. It's in my pencase. I like my Disney blue pen.

授業者より 教員の書き方のお手本を見せましたが，まだ理解していない様子がみられたので，児童の実際の宝物を例題として再度説明しました。前時の児童のやり取りで，ディズニーランドで買った青色のペンが宝物だという児童がいましたので，それを例題として取り上げました。

Ss: あぁーそうか。

J: If you understand how to do it, raise your hand. O.K. Tania sensei and I will help you. (ワークシートを配る)

J: Writing time. Five minutes. Ready? Start! (実際に書いている様子)

S5: 先生，ここに友だち書いていいの？

J: いいよ。名前でもいいよ。

S5: Friend って書きます。

S6: 図書館ってどう書くの？

J: Library.

S7: メガネはどこにかけてるって言いますか？

J: Glasses? On my ears. (実際は，英語で「鼻にかける」と言います) E. A. R. S. (一文字ずつ読んでいる) Ears. Wow. Great!

S7: (書いている) On my ears.

S8: 先生，トラックってどう書くの？（宝物が給食なので，給食が配送されるときにある場所，It's in the truck. を書こうとしています）

授業者より ワークシートに自分の宝物やそれがある場所を書いていますが，Treasure List（ワードリストのこと）に載っていない場合は，児童は教員にスペルを聞いて書き入れています。

J: T. R. U. C. K. (一文字ずつ読んでいる)

S8: あぁ，これか。

(タイマーが鳴る)

J: Do you need more time? All right. Two minutes more. (以下省略)

Let's Read (10 分)

J: O.K. Next you are going to read. You are going to have a reading time. Tania sensei will explain how to do the activity. So listen carefully. Tania sensei, please.

A: We will have a group.

J: Group.

A: One by one. We will change the paper.

J: Change the paper.

A: One by one you read the paper. You have one minute. One minute for reading the paper.

> **授業者より** ▶ 説明などは，基本的にALTに任せます。その際は，ALTが文で説明した後に，キーワードを担任や専科教員が繰り返します。そのことで，インプットの量を増やしたり分かりやすくしたりしています。また，読む際は，① 声に出して読むこと，② 指追い読みすることを指導しています。

J: One minute for one person. Read the paper.

A: You use the finger to follow the words.

J: Use the finger to follow. Like this. My treasure is ....

A: Read the paper with clear voice so that everyone can hear.

J: Read aloud. One minute for one person. (以下省略)

（友だちの原稿を読んでいる様子）

S9（1 人目）: My treasure is ruler. It's in my pencil case. I like ruler.

S9（2 人目）: My treasure is … 何だっけ？ あぁ，前，チャットの時に「フォン」って言ってたや。Phone. My treasure is phone. It's in my school bag.

S9（3 人目）: My treasure is … 何て読むの？

S10: グラスィズ。glasses.

S9: メガネか。My treasure is glasses. It's on my ...

S10: ears.

S9: そうか，It's on my ears. I like my treasure.

（タイマーが鳴る）

J: Attention please. 読めた？ 何とか読めた人？

Ss: 何とかじゃない！ 読めました。

（以下省略）

振り返り（7 分）

J: もう一度今日のめあてを確認してみよう。

Ss: 宝物紹介を英語で書いてみよう。

J: 今日は，自分の宝物紹介を英語で書いたり，友だちのものを読んで書き直したりしてみました。考えたことや気づいたことを振り返りカードに書いてみましょう。

（振り返りカードを書いている）

J: では，書いたこと教えてくれる人？ はい，S11.

S11: えっと，今日実際に英語で宝物を書いてみました。私は school bag なんですけど，下の文を I like school bag. ではなく，「宝物」を強調するために I like my treasure. と書きました。

J: S11 は「宝物」を強調したいから I like my treasure. と書き換えたのですね。素晴らしい。次は S12.

> **授業者より** ワークシートでは，
>
> ① My treasure is ____.
> ② It's in / on / under / by □□.
> ③ I like ____.
>
> となっています。①と③で書く____は同じ宝物の名前を入れる予定でしたが，S11 は③の____の部分を「自分の宝物」であるという思いを強調するために，my treasure と書き換えたようです。

S12: 今日，○○さんの「引き出し」が難しかったけど，新しい言葉を知れたのでよかったです。

J: 「引き出し」が出るとは先生も驚きました。さあ，来週は練習をしますので，今日書いたものもしっかりと持ってきてください。Tania sensei. Any comments?

A: You did a good job. Nice writing. Writing is a little bit difficult for you, but you will get used to it. Keep going. Good job.

J: 先生も楽しみになってきました。それではみなさん，That's all for today.

Ss: Thank you very much. See you next time. Bye bye.

3. 解　説

　4技能統合型の授業とは，4技能を有機的に関連づけて言語活動を設計することを意味しています。それに対して「総合的」とは，4技能の能力を偏りなく扱うことです。それぞれの技能を単独で指導する場合もありますが，ふだんの言語生活においては聞いたことに対して答えたり，読んだことを話し合ったりと，むしろ技能を統合した形で使うことが多いと思います。授業においても技能を統合した形で使わせることが，効果的でより自然な形の言語活動になります。山中先生の実践では，単元の目標を「小学校生活で大切な宝物を紹介するために，宝探しをしたり，宝物についての自分の考えや気持ちを伝え合ったりすることができる」と設定しています。そして，単元終末には小学校生活で大切な宝物を発表することになっています。山中先生は，そこに至るまで，4技能5領域の活動を有機的に関連づけて技能統合型の指導の効果を高めています。ここでは本時には表れていない内容について，筆者の授業観察をもとに，単元で行われた技能統合型の授業場面を紹介します。

《第1時》Let's Watch and Think の活動がありました。デジタル教材を視聴して聞き取っていくことがメインの活動です。しかし，山中先生はデジタル教材を視聴した後に，そこで使われている語句や表現 (in, on, under, by, go straight など) を使って，児童と「やり取り」を行いました。児童は聞いただけでは気づかなかった抽象度の高い前置詞の意味の違いにも気づくことができました。

《第2時》「道案内の表現を使って互いに道を尋ねたり答えたりして，宝物を探す」という活動がありました。この授業では，授業の最後の活動 (道を尋ねたり答えたりする) を明確に児童に意識させました。そして，「道案内に使える表現にはどんなものがあるかな」と児童に考えさせながら ALT とのデモンストレーションを数回やって見せました。児童は，デモンストレーションを見ながら，次は自分たちで道案内をすることが分かっているので，どのような表現が，どの場面で使われるのかを，注意して聞くようになりました。受身的に聞くだけではなく，聞いた表現を自分でも使ってみるという意識で聞くことが大切であることが分かります。

《第3時》「友だちと自分の宝物を紹介し合う」活動がありました。学校生活のなかで自分の宝物となった「特別なペン」や「家庭科で制作したバッグ」などを自分の宝物として紹介し合いました。そして，それがどこにあるのかを，道案内で使った表現 (in, on, under, by など) を使って伝え合いました。その後，自分の宝物をワークシートに書く活動 (単語レベル) が行われました。外国語の授業では，書いたものを参考に話す活動もよくみられます。

ここでは、「話すこと［やり取り］」をした後に書かせていました。「書く」ことを先にしてしまうと、発音できない単語を書いたり、書いたものを読もう（見よう）としたりすることがあります。しかし、「話すこと［やり取り］」を先にするとそのようなことは起こりません。「聞く・話す」を優先した「書く」活動への技能統合がうまくなされた授業と感じました。

　さて、4時間目が今回の紙面で紹介された授業です。授業者はGreetingsの段階から、話題を児童の宝物（家庭科の時間に制作したナップザックなど）に向けさせながらやり取りをしています。その後、ペアで児童同士の宝物を理由を含めて伝え合う活動が行われています。それが終わると「自分の宝物を英語で書いてみよう」（文レベル）という活動に入ります。「やり取り」をした後に「書く」活動を行っているので、児童が書く表現は口頭では言えるようになっているものです。指導者は児童に書く単語を発音しながら書いていくように指示をしていました。読めないまま書くということは起こりませんでした。

　次に、グループで書いたものを交換し合って読み合う活動に移りました。書いたものを相手に読んでもらい、相手から感想を聞きます。「書く」→「読む」の技能統合型の授業が行われました。口頭でやり取りするよりは難易度が上がり、なかなかスムーズに読むことはできませんでしたが、口頭でのやり取りを思い出しながら単語を読んでいる姿がみられました。相手が書いたものについては、自分が慣れ親しんだ単語以外は読むことができるようにはなっていません。そこが小学校での「書く」から「読む」への技能統合型授業の難しいところです。しかし、指導者は、「読む」活動の前に十分に「聞く・話す」活動を行っています。「書く」前に、十分に「聞く・話す」活動を行うことが大切です。そこが、小学校における「書く」活動のポイントです。また、十分にやり取りを行ったことが「読む」活動を可能にしていると感じました。

4. 改善のヒント

　自分の本当の気持ちを伝えようとすればするほど、相手にとっては分からない単語が出てくる可能性も高くなります。自分の書いたものを相手に読んでもらう活動の難しさはそこにあります。山中先生の実践に限らず、小学校での文字を介した活動ではそのような場面をよく見かけます。そのような場面では内容を表す絵カード等を添えると読み手も意味を推測しながら読むことができるものと思います。伝えたいことを優先させつつ、読み手の側には無理をさせない工夫が大切となります。

5.　全体を通した留意点

　小学校での「読む・書く」の技能は極めて限定的です。前述したように「書く」時は児童自身が慣れ親しんだ語句を書くので問題はありませんが,「読む」場合は, 読み手が慣れ親しんでいない語句や表現が使われることがあり, 読む側にとっては, 読んで理解することが難しくなります。そこで, 本時のように, やり取りを通して, 書く内容について多少なりとも相手に知らせておく活動が重要となります。「読む・書く」活動の前に, 十分に「聞く・話す」活動を取り入れることに配慮したいものです。

（授業: 山中隆行, 前書きと解説: 大城賢）

4節
6年生の「推測して聞く力」を育てる授業
—— 異文化・他教科の題材の導入

> 　本節では，専任の専科教員による6年生の授業を紹介します。この授業の見どころは，指導者がさまざまな手立てを用いて児童の「聞き続けようとする力」を育てようとしていることです。「聞く力」というと，つい「聞いて理解する力」に意識が行きがちですが，しっかり聞くためには児童はまず「聞き続けようとする」姿勢と，全部の意味が分からなくても，多少意味があいまいでも，あきらめずに「聞いて分かろうとする」意志を持つ必要があります。まず，専科教員の発話に着目してください。児童の日本語や英語での発話に対してどのように分かりやすい英語で返し，それを児童がどのように受けとめているか。次に，児童間で起こっている学び合いに注目してください。児童が気づき，分かったことを日本語や英語で発信し，それが全体の理解や確認につながっている場面がいくつもあります。

1. 授業についての情報

(1) 授業者: 幡井理恵（昭和女子大学附属昭和小学校　英語科講師）

(2) 学　年: 6年生

(3) 単元名: Let's make pancakes!

(4) 教　材: *Junior Columbus 21 Book 2*（光村図書出版）

(5) 単元目標と評価規準

　　〈単元目標〉おいしいパンケーキを作るために，他国の文化や生産物の説明を聞いて概要をとらえることができる。小学校6年間で育んできた「聞く力」を確認するために，異文化や他教科の要素を取り入れた内容の英語を聞き取って理解し，おいしいパンケーキを作ることができる。

　　〈評価規準〉

　　【知識・技能】

　　〔知識〕▪他国の文化や生産物に関わる語句や表現を理解している。

　　〔技能〕▪他国の文化や生産物に関わる語句や表現を聞いて，その内容を聞き取る技能を身につけている。

【思考・判断・表現】
- おいしいパンケーキを作るために，他国の文化や生産物に関わる説明を聞いてその概要をとらえている。

【主体的に学習に取り組む態度】
- おいしいパンケーキを作るために，他国の文化や生産物に関わる説明を聞いてその概要をとらえようとしている。

(6) 言語材料

【単語】材料や量の言い方など（pancake, milk, butter, flour, eggs, maple syrup, milliliters, tea spoon, table spoon, bowl, ladle, spatula, mix, flip など）

【表現】
- 材料を尋ねる　What do you need _____?
- 数や量を尋ねる　How (many / much) _____?
- 量を答える　_____ (milliliters / cups), tea spoon of _____ / table spoon of _____

(7) 準備物

- パンケーキデーに関する動画や音声資料
- メープルシロップ採取の方法を示したワークシート
- パンケーキの材料や作り方を示したワークシート
- 家庭科室にある道具（ボウル，メジャーカップ，おたま，スプーン，プレートなど）
- 資料を提示するための環境（パソコン，ディスプレイ，タブレットなど）

(8) 単元計画（本時は第1時）

時	◆目標　○主な言語活動
1 (本時)	◆ パンケーキデーについての話を聞いて理解する。 ○ イギリスからの留学生が作成した動画を聞いたり見たりして，パンケーキデーについて理解する。
2	◆ メープルシロップの作り方を聞いたり，読んだりする。 ○ メープルシロップの作り方について書かれた英文を読んだり話を聞いたりして理解する。
3	◆ おいしいパンケーキをグループで協力して作る。 ○ 英語の指示を聞いて必要な材料や道具を揃え，グループで協力しておいしいパンケーキを作って食べる。

2. 本時の展開

　異文化・他教科の内容を取り入れようとすると，児童の知識レベルと英語力の乖離が大

きくなりがちです。しかし，教師がなるべく短文で伝えることを心掛け，聞き続けていれば理解できるということを児童に体感させるように意識し，伝える言葉を選んでいます。また，教師の言葉だけでなく，クラスの仲間の発言から児童自らが言葉を紡いでいき，理解に至るまでの様子も見ていただきたいと思います。

挨拶 (3 分)

Teacher: Hello, everyone.

Students: Hello, Ms. Hatai.

T: How are you today?

Ss: I'm fine. (1 人だけ I'm bad. と答えた)

T: (その児童に向けて) Oh, why do you feel bad?

S1: お腹痛い。

T: Are you OK? I have a sore throat.

Ss: のどが痛い？

T: Don't you think my voice is strange?

S1: え？　そう？

T: Yah, but I'm OK. I don't have any fever. (おでこを触る) Does anybody have fever?

S1: 熱がある人？

T: (熱がある人がいないのを確認して) That's good.

> **授業者より** 専科教員は授業でその日初めて児童と触れ合うため，挨拶のなかでその時の児童の体調も確認します。

聞くことの言語活動──今日の朝食 (7 分)

T: I have a question. What was your breakfast today?

S1: Bread.

T: Do you usually have (a slice of) bread? (敢えて a slice of を入れずにシンプルにしている)

S1: Usually?

T: Ah, that's a nice question. Usually. So for example, (手で，右から順番に並んでいる様子を表しながら) Sunday, Monday,

> **授業者より** 児童が受け取ることのできる英文の長さは限られているため，意味のやり取りを重視して言葉を選択するように意識しています。

Tuesday, Wednesday ..., seven days, (両手を広げて) one week. Usually means about three or four days. So, do you usually have bread?

S1: No. Only day.

T: I see. No, only for today.

S2: よく分からない…

T: Please listen carefully. When you woke up this morning, (起きるジェスチャー) what did you have for you breakfast? (食べるジェスチャー)　S1 さん said he had bread. What did you have for today's breakfast? Who had bread? (手を挙げるジェスチャー)

Ss: (手を挙げる)

T: So, do you usually have bread in the morning?

S3: 7 日間のうちいつもパンを食べている人？

T: Not いつも。いつも is always or every day. So, usually.

S4: だいたい 4 日くらい。

Ss: (数人手を挙げる)

T: (人数を数える) So, one two three ... eight. OK, thank you. I usually have bread and I sometimes have rice balls.

S5: おにぎり。

T: So who had a rice ball in the morning? (手を挙げるジェスチャー)

S6: 今日？

T: Yes, today.

Ss: (何人かが手を挙げる)

T: S7 さん，do you usually have a rice ball?

S7: Yes.

T: Oh, good. So what's inside?

S7: 味付き。

Ss: ???

T: Salt?

S7: 入れてない。そう，塩です。

T: How about seaweed? Black, square ...

Ss: のり！

S7: (うなずく)

S8: Sometimes. (中略)

T: What else do you have? Not bread, not rice ball, so what?

S9: Nothing.

T: What? No breakfast?

S10: 土日も？

T: Oh, that's a nice question. How do you say 土日 in English?

S11: Saturday, Sunday.

T: How about Saturday and Sunday?

S9: (首をふる)

Ss: えー？

T: Oh, my goodness.

(以下省略)

チャレンジしよう (15分)

*パンケーキデーについての動画は，留学生に作成を依頼。

T: Now, I'm going to play the sound. So, please listen carefully. Only sound.

*パンケーキにまつわるお祭り，パンケーキデーについて話される次ページの音声を
　聞いてメモを取る (音声のみで動画は見せない)。

T: What kind of word did you hear? (耳に手を当てる) Rice balls?

Ss: No, pancake.

T: Pancake, anything else?

S1: パンケーキは…,

T: Not the story just words.

S1: Fruits.

T: Pancake, fruits ...

S2: Syrup.

T: Syrup. Yes. Anything else?

S3: Canada, UK, Ireland.

> **授業者より** まとまった内容の概要をとらえることをめざしていますが，児童は一言一句訳そうとしたり，正確な文で答えようとしたりする傾向にあります。そこで，聞こえた単語を挙げさせることで，すべてを聞き取るのではなく，概要をとらえればよいということに気づかせようとしました。

音声の内容

Pancake-day is a holiday that celebrated every year in relation to Easter. It is always 47 days before Easter. And this year, it falls on February 25th. On pancake-day, people make pancakes. It's commonly celebrated in Australia, Canada, the UK and Ireland. You can do some special activities on pancake days like making pancakes or having pancake race. This is where you run with the pancake while flipping it. And another person takes the pancake then they will continue running until the finish line. It is a fun activity sometimes done in schools. To make the pancake, you need milk, butter, flour, eggs and sugar. You can also put toppings on your pancake, for example fruit, syrup or lemon. Have a lovely pancake day.

(124語，約2分)

Ss: Egg. Milk. Sugar. Easter. Flour.

T: (ランダムに児童の挙げたものを繰り返す)

Ss: Topping. School. Forty-seven.

T: (ランダムに児童の挙げたものを繰り返す)

Ss: People. Make.

T: Lake?

S4: Make.

T: Make? (ジェスチャーをつけて確認する)

(以下省略)

メモを取る児童の様子

T: Ok, one more time. You are going to listen it again. The second round. After that, please go to the white board. And write words you've heard. Then, please make a story about this video.

S5: Oh, my god.

S6: 絵にしてはダメですか？

T: Oh, picture ok, words … English ok, or Japanese story, sentences are ok.

(2ラウンド目を聞く)

T: Please use your black pen.

授業者より　英語で書きたい児童や文字が苦手な児童など，得意不得意があっても自分で参加できる形を見つけて取り組むことを奨励しています。

グループでチャレンジ（10分）

*各グループで協力してホワイトボードに聞き取れたことをまとめていく。

（グループワークの児童の会話一部抜粋）

（ホワイトボードにパンケーキを作る材料が列挙されている）

- ミルク
- バター
- フラワー
- たまご
- さとう

S1: 先生，フラワーって花じゃないですよね？　スペルを教えてください。

T: It's different. F. L. O. U. R.

S1: 小麦粉だって。オッケー。

（ホワイトボードに国名が列挙されている）

S2: （国名を記入している児童がアイランドと書いている）ねえ，それアイルランドだと思うよ。アイランドって（おかしい）。

> **授業者より** 知りたいと思ったことをすぐに調べられるように，教室内には児童が自由に使用できる辞書を置いています。

お話の内容確認（5分）

T: OK, let's watch the video. （下の映像を見せながら前ページのパンケーキデーの話を聞かせる）

本当にやるの？（5分）

*YouTube から，実際にパンケーキレースを実施している学校の映像を見せる。

S1: 先生，パンケーキ作ってレースするんですか？

T: No, we won't do the race. Do you want to make pancakes?

Ss: Yes.

T: What do you want to put on your pancake?

Ss: Maple syrup.

T: Yes, so we will learn about maple syrup next time and make pancakes in March.

3. 解　説

　幡井先生は私立の昭和女子大学附属昭和小学校で，専科教員として同校の英語教育をけん引してきました。この授業からも分かるように，幡井先生は基本的には英語のみで授業を進めています。これがかなり大変なチャレンジであることは言うまでもありませんが，児童がふんだんに英語を聞く機会を得る，専科教員なればこその授業運びです。

　この単元の目標は，小学校6年間で育んできた「聞く力」を確認するために異文化や他教科の要素を取り入れた内容の英語を聞き取って概要を理解し，パンケーキ作りの実践につなげることです。授業の様子から，児童にとっては英語だけでの授業は当たり前で，英語が全部分からなくても大丈夫とおおらかに構えているのが伝わってきます。分かる手立てをたくさんちりばめた Teacher Talk になじんできた児童は，分かるところを手掛かりにみんなで考え，助け合いながら英語を聞こうとする姿勢が育っています (⇒第2部2章)。

　昭和小学校では英語教育は1年生から実施していますが，時間数は公立校と比べて飛びぬけて多いわけではなく，公立校と相同する時間数を緩やかに6年間に分散させているカリキュラムです。しかし，1年生から「音」に親しむことに力点を置き，6年間かけて児童の「聞き続けようとする力」を育てようと取り組んでいる成果がここに見てとれます。

　指導者は英語しか使っていないのに，健康状態の確認が驚くほどスムーズに進められているように思われるかもしれません。指導者の英語での "Does anybody have fever?" に対して，児童から「熱がある人？」との日本語の問いかけが出ます。これが教室の児童にとって意味の再確認となっているのを踏まえたうえで，熱がありそうな児童がいないのを児童たちの表情や様子などから確認して，"That's good." と締めています。言葉と言語外情報の両方を駆使して授業を行うからこそ，言葉のみに頼り切る必要がなくなる好例です。

　やり取りのなかで児童が「よく分からない…」とつぶやきます。こう言える関係性のす

ばらしさ，ふだんの授業から積み上げている安心感のある学びの場の空気感が伝わってきます。そのつぶやきを受け，指導者は質問の内容を小さなユニットに嚙み砕きます。ある児童の個別の事例をあげたあと，"What did you have for breakfast?" と質問。これは何を食べたかを具体的に答えさせる問いですが，まだ難しいかも，と感じた指導者は，それを "Who had bread?" で手を挙げさせる問いに切り替えることで，パンを食べた（＝手を挙げる）か，食べなかった（＝手を挙げない）のどちらかで答えさせます。このように，Yes か No などの二択で答えられる質問を挟み，個別からクラス全体へ，そこからまた一人に絞って掘り下げて尋ねる，英語のみで理解させるための巧妙な問いかけや語りかけを組み立てる技が随所にみられます。さらに，S3 や S4 のように分からないことを素直に尋ねてくれたり，分かったことをクラス全体に共有してくれたりする児童の声を丁寧に拾い上げることで，アクティブにクラス全体が学び合う授業が展開されています。これはおそらくふだんの授業の進め方や，児童同士がお互いの個性や意見を尊重し助け合うクラス運営が生きているのだと察せられます。

　内容のあるまとまった長さの音声をメモを取りながら聞く活動では，個別にとったメモを緩やかに全体で共有し，指導者がそれを繰り返すことで「音」と「意味」のつながりを再確認しています。そのうえでもう一度音声を聞き，グループ活動として表出する手順を踏むことで児童間での学び合いが起こります。授業デザインの工夫と，間違いを許容できるクラスの雰囲気やそこから互いに向上しようとする児童の関係性があってこそでしょう。

　次の授業に向けどのようなことをするかという見通しを持たせ，期待感を膨らませるのに動画を用いるのはとても効果的です。選ぶときに「児童の英語力に合ったものを」と思いがちですが，そうするとなかなか見つからないか，見つかっても内容が浅くつまらないものになってしまいます。言語内容と，認知発達段階から考えた知的内容のバランスをどう取るかは悩みどころですが，児童に「聞き続けようとする力」が育まれていれば英語のレベルは少し高めでも，内容に力点をおいた，児童の知的好奇心をくすぐる素材を選ぶことが可能になります。動画であれば映像からたくさんの意味理解の手がかりも得られるはずです。児童がその手がかりを絵として描き留めている様子からも，しっかり受け止めようとしている，しっかり聞こうとしていることが示されています。

4.　改善のヒント

　英語のみで授業を進める指導者の英語力は卓越したものがあり，筆者はそれが日々の研

鑽によって積み上げられたものだと知っていますが，書き起こしを読むと細かな文法の誤りが散見されます。しかし即興的なやり取りにおいては，文法を十分に理解していても小さな誤りは出てきます。このような誤りは，英語母語話者の発話でもみられます。十分に意味のやり取りが行われることが，やり取りをする際のポイントだからです。発表であれば事前に準備しリハーサルができる分，より正確性を高めることができます。「話すこと」が「やり取り」と「発表」に分けられたことの意味を浮き彫りにしている好例であり，指導者は発話の「正しさ」に縛られてやり取りが形式化することのないように十分意識することが大切です。

5. 全体を通した留意点

　指導者が英語のみで授業を進める点で，この授業が高度で難しいとの印象を持つ読者もいるかもしれません。確かに扱う内容は意欲的で，新しい学びの要素にあふれていますが，言葉の表出に関して言えば，児童は英語で言えるときは英語で，そうでないときは日本語でつぶやいたり友だちや指導者に尋ねたり，さまざまに手立てを活用しています。言葉を習得する際に受け取るインプットは，学習者の今の時点の力より気持ち上，「i＋1」をめざすのがよいとする考え方もあります。こういう意味かな，こういうことかな，と考えることが思考力を働かせ，さまざまな見方，考え方へと広がるきっかけになります。

　授業者のコメントに「児童が受け取ることのできる英文の長さは限られているため，意味のやり取りを重視して言葉を選択するように意識しています」とあります。英語の指導として「リキャスト（recast）」をする，つまり学習者が誤った発話をした際に，正しい形をインプットとして言ってあげることでその表現を染み込ませてゆく手法がありますが，この授業のなかでは，それを行う場面と敢えてそうしない場面を指導者が意識的に使い分けています (⇒第2部2章)。英語の「正しい形を入れる」と意識しすぎると，それが児童には「i＋10」くらいになってしまい，むしろ全く入って行かないということも起こります。指導者としてどのように，どのくらいの言葉を選ぶのか，そのときに指標となるのは児童の理解度です。特筆すべきはこの授業のなかで指導者が一度も「分かる？」「理解できた？」というような投げかけをしていないことです。児童が理解しているかどうかを個々の反応や，つぶやきや，実際の活動の様子から見取りながら授業を進めています。児童にとっては「分かる」英語だから「聞こう」という気持ちが途切れない授業となる所以です。

（授業: 幡井理恵，前書きと解説: 狩野晶子）

1節
４年生の専科教員による「外国語科」授業
——教員とのやり取りから自発的なアウトプットへ

　本節では埼玉県さいたま市立小学校での，外国語専科教員による４年生の授業を紹介します。さいたま市は政令指定都市であり，2016年から「外国語」を「グローバル・スタディ科」と呼び，小学１年生から中学３年生までのすべての学年で教科として実施しています。小学校低学年は年間17時間，中学年は「探求的な学習」と朝15分のモジュールを含め70時間，高学年は105時間の時間配当になります。小学1，2年生の評価は所見記述によります。2019年度までは，市が独自に開発した教材『グローバル・スタディ』を用いていましたが，2020年度からは検定済教科書を併用しています。

　本節で注目したいのは，専科教員である浅井麻衣子先生による，児童とのやり取りです。浅井先生は小学校教員免許と中学校教員免許（英語）の両方を持ち，大学卒業後７年間，小学校の学級担任を経験してきました。さいたま市に英語専科教員枠で雇用されてからは３年目です。このクラスとは低学年のときから学級担任として関わってきた経緯もあって良好な関係ができています。

1. 授業についての情報

(1) **授業者:** 浅井麻衣子（さいたま市立尾間木小学校　専科教員）
(2) **学　年:** ４年生
(3) **単元名:** 大きくなったら
(4) **教　材:** 『グローバル・スタディ３・４年』（さいたま市教育委員会）
(5) **単元目標と評価規準**
　〈単元目標〉大きくなったらなりたい職業について，簡単な語句や表現を用いて，友だちと積極的に伝え合う。
　〈評価規準〉
　【外国語への気づき[1]】
　▪ 職業を表す英語と日本語の表現の違いに気づいている。
　【知識・技能】

1　「外国語への気づき」は，さいたま市が独自に設定した観点。

〔知識〕▪職業等の名称や，want to ＿＿＿ という表現を理解している。

〔技能〕▪簡単な語句や表現を使い，なりたいものを伝えたり質問したりしている。

【思考・判断・表現】

▪大きくなったらなりたいものについて，簡単な語句や表現を用いて，自分の考えを伝えたり質問したりしている。

【主体的に学習に取り組む態度】

▪大きくなったらなりたいものについて，簡単な語句や表現を用いて，自分の考えを伝えたり質問したりしようとしている。

(6) 言語材料

【単語】musician, chef, dancer, mermaid, human being, singer, cartoonist など

【表現】

▪なりたいものを伝える　I want to be a ＿＿＿.

▪なりたいものを尋ねる　What do you want to be?

▪既習表現　I am ＿＿＿. I like ＿＿＿. Do you like ＿＿＿? I have ＿＿＿. Do you have ＿＿＿? I can ＿＿＿. You can ＿＿＿. Can you ＿＿＿? など

(7) 準備物

▪職業カード

▪資料を提示するための環境 (パソコン，ディスプレイ，CD プレーヤーなど)

(8) 単元計画 (本時は第 2 時)

時	◆目標　○主な言語活動
1	◆ 職業等についての英語に慣れ親しむ。 ○ なりたいものを表す表現に慣れ親しむ。 ○ I want to ＿＿＿. の復習。
2 (本時) ・3	◆ なりたいものについての教員の話を聞いて理解する。 ○ 物語を聞いて，概要について教員とやり取りをする。
4・5	◆ 自分がなりたいものについて伝える。 ○ 友だちのなりたいものについて関心をもって尋ねる。

2. 本時の展開

挨拶 (3 分)

Students: Good morning, Asai sensei. How are you?

Teacher: I'm fine, thank you, class. How are you?

Ss: I'm fine, thank you.

T: Hi, S1. How are you today?

S1: Sleepy.

T: Sleepy? OK. "I'm sleepy" の人，stand up! What time did you go to bed?

S1: Nine!

T: Nine.

S2: 10!

T: 10 o'clock?

> 授業者より ▶ 自然な反応になるように，児童の発言を繰り返すようにしています。

S3: Nine o'clock! （教員が o'clock を付けてリキャストすると，児童のなかにも o'clock をつける子が少しずつ出てくる）

T: OK. What time did I go to bed? I went to bed at 11 o'clock.

> 授業者より ▶ 教員自身のことは full sentence で聞かせます。今後は，児童も完全文で言えるように促していきたいと思います。

うた (5 分)

"There is a thunder" (NHK「プレキソ英語」より，動画つき)

* 2 回歌う。2 回目は，DVD と輪唱。3 回目，動画なしで児童を 2 グループに分けて輪唱。さらに男女に分けて輪唱。

T: OK. I see. Boys first and girls second. Let's go. （輪唱）

Small Talk——日付の確認と時節の話題 (2 分)

* 日付だけでなく，バレンタインのチョコレートの数についてやり取りをする。

T: What is the date today?

S4: It's February ... （教員は February と板書し，指で 14 を示して見せる）

Ss: 14th!

T: Yes, it's February 14th. So today is Valentine's day, did you get chocolate? Did you give chocolate?

Ss: Yes. (ほとんど無言。数名の女子が挙手)

T: Will you give someone chocolate? How many boxes of chocolate do you want? I want 5 boxes of chocolate. I love chocolate.

表現や語彙の導入 (13分)

T: (大きな紙袋を下げて) Today I'm going to introduce my friend. I have a friend. I will introduce my doll. I will give 3 hints. Please listen and think who this is. Who is he?

S5: He?

T: (うなずきながら) He is from Tokyo Disney Sea. He has friends. He has 1, 2, 3, 4 friends. He is a bear.

Ss: あー！　分かった！ (分からない顔をしている児童もいる)

T: OK. Listen one more time. He is from Tokyo Disney Sea. He has 4 friends. He is a bear. Who is he?

S6: Mickey Mouse?

T: Oh, is he Mickey Mouse? No. Who is he?

S7: Pooh?

T: Oh, is he Winnie-the-Pooh? No, he isn't.

S8: Muffy?

T: Is he Muffy? Yes, he is! (袋から出す) Today I'll introduce my friend. He is Muffy. His name is Muffy. (ぬいぐるみの声色で) Hello, everyone.

Ss: Hello, Muffy.

S9: フレンドってことは友だち？　先生はそれしか友だちがいないの？

T: He is my only friend. (笑)

(ぬいぐるみを教卓に座らせ，黒板に絵を貼る)

T: I'm going to introduce his friends. I'll introduce three of his friends.

Picture 1

授業者より 実際の授業では有名なキャラクターを使っていますが，著作権の関係で，この稿ではキャラクターの絵と名前を変更しています。

T: This is Carlo. Carlo is...　(マフィーを指さして) He is a bear. Carlo is ...

Ss: Cat.

T: Yes, he is a cat. (ネコの吹き出しをチョークで板書，I am a cat. と書く)

T: He has a dream.

Ss: 音楽家。

T: Oh, yes. He wants to be a musician. (吹き出しを指さし，声色を使いながら)
　　"I want to be a musician."

Ss: Musician?

T: Yes. (身振りをつけながら) Play the trumpet, the piano, ... Yes. He wants to be
　　a musician.

(続けて Lucy Lee (イヌ) の絵，Patty Ann (ウサギ) の絵を貼る)

Picture 2

Picture 3

T: This is Lucy Lee. She is ... （それぞれの動物の着衣や持ち物をヒントに，なりたいものを当てさせ，それぞれに吹き出しを付けながら）

T: I want to be a dancer. I want to be a chef.

（確認をしながら児童にリピートさせる。さらに Picture 1 に戻り）I want to be a musician.

（と言いながら，吹き出しに文を書き足す）

Ss: （かなり多くが同時に）I want to be a dancer. I want to be a chef .

T: How about this?（Picture 4 を貼りながら）

Do you know what she is?　（Picture 1 から 4 を順に指しながら）This is a cat. This is a dog. This is a rabbit. This is ...

Picture 4

Ss: 半魚人！ 人魚！ マーメイド！

T: Yes. She is a mermaid.　What is her dream?

Ss: 人間になりたい。

T: Yes! She is a mermaid. She lives in the sea.

（絵を下にずらして，海面をチョークで描き加え，陸の線も付け足し，そこに人間になった人魚姫の絵を貼る）

> **授業者より** ファンタジーのキャラクターを加えたのは，児童の自由な発想による発話を促すためです。実際の授業では，有名なアニメ映画のキャラクターの絵を使用しています。

T: She wants to be a human being. She doesn't have legs. They are like a fin of a fish.

So, she wants to have legs. She wants to be a human. She wants to walk. She wants to dance. That's her dream.

言語活動（17分）

T: Please tell me your dream. What do you want to be? Do you want to be a musician? Do you want to be a dancer?

> **授業者より** 自然な1対1の対話での反応に近づけるために，児童の発言を繰り返すように努めます。

S10: Yes.

T: Oh, you want to be a dancer.

（以下，多くの例を出しながら，児童とのやり取りを増やしてゆく）

T: Do you have a dream? / Do you want to be a chef? / Do you want to be a mermaid? No, no.

（その他 Spiderman, soccer player, tennis player, designer, teacher, doctor, Disneyland cast, YouTuber, announcer などが出される）

T: When I was a high school student …. A high school is … elementary school, junior high school, and high school. When I was in the high school, I had a dream. I wanted to be a flight attendant. Do you know a flight attendant? （機内でカートを引くジェスチャー）Beef or chicken？

S11: （急に挙手をして）将来の夢決まりました！

T: What do you want to be?

S11: 億万長者！

T: A billionaire! You want to be a billionaire!（これがきっかけになり，多くの児童の手が挙がる。個々を指名し，やり取りを続ける）

Reading の活動 (5 分)

T: （黒板に I want to be a singer. と板書する）何て書いてある？

Ss: （数人，挙手あり）

T: 読んでみてください。読めた気がする人？

Ss: （ほとんど全員が大声で）I want to be a singer.

T: Good! Whose dream is this?

（ヒントとして，ドラえもんの登場人物，ジャイアンの顔を描き添える）

Ss: ドラえもんだ！

T: It's Gian's dream. ジャイアンのつもりで読んでみましょう。I want to be a singer.（繰り返す。さらに，ジャイアンの妹の絵も添える。台詞は書かず，吹き出しの枠と顔だけ）

T: Gian's sister. What's her dream?

Ss: （口々に思いつくことを発言する）

T: No.

S12: I want to be a cartoonist.

T: Good! She wants to be a cartoonist.

終わりの挨拶

T: 次回，また続きを話しましょう。終わります。See you next time.

Ss: See you.

3. 解　説

「挨拶」は，人間関係を円滑にするための「社交」という言語の働きを持ちます。しばしば，How are you? に対して I'm sleepy. や I'm hungry. という答えを認める授業がありますが，浅井先生は，I'm hungry. のような返答をそのままにせず，教員と児童の Small Talk を導くものとして利用しています。

Small Talk という活動をどのように解釈するにせよ，授業内でのことであれば，必ず何かしらの目的を持たなくてはなりません。この授業での挨拶における Small Talk は，① 既習事項で構成され，② 教員と児童の対話による，③ 児童の日常生活や学校生活等の身近な話題での，④ 授業の冒頭に行われるウォームアップです。楽しいコミュニケーション活動として位置づけられています。授業者の「やり取り」についての考え方が効果的に表れた場面になっています。

この Small Talk では "What time did you go to bed?" という過去形の疑問文が使われます。児童にとって過去形は未習の表現ですが，"I'm sleepy." で始まる会話の流れのなかであり，児童に戸惑う様子はありません。このように，場面と状況が明確にあるので，過去形が「理解可能なインプット（児童が意味を理解できる入力）」として使われています。

また，児童には "I went to bed at 10." のような full sentence での回答を要求しません。ほとんどの児童は数を言うだけですが，やり取りの意図は理解していて一生懸命に発話します。教員は一人ずつ尋ねながら，児童の答えを繰り返します。そこでは，教員は数だけでなく "Nine o'clock." のように，英語として形を整えてリキャスト（recast）をしますので，児童のなかには，o'clock を自然に使い始める子が出てきます (⇒第2部2章)。

　「表現や語彙の導入」については，児童に I want to be a ＿＿. という表現を導入するために，教員は He / She wants to be ＿＿. を使っています。he / she が既習であれば問題はありませんが，文部科学省の小学校学習指導要領がイメージする小学校英語では，一般動詞に三人称の -s を付けることを回避するような授業作りを求めています。ですが，この授業では，クマのぬいぐるみや黒板に貼り出すキャラクターの絵を説明しているという場面と状況のなかで，児童の意識は教員が伝える内容に向けられ，He wants to の -s を意識しないまま，教員の言うことを理解しようとしています。

　この授業では，児童はキャラクターになったつもりで I want to be a ＿＿. を言うように仕向けられ，児童が he / she で始まる文をきちんと言う場面はないように計画されています。教員が，I want to be を言うときには，必ず吹き出しを板書し，そのキャラクターになったつもりでの発話としています。

　語彙については，前回の授業で導入済みの語を多く用いています。また，ほとんどが日本語の外来語として児童には慣れ親しんでいるものです。

　また，児童がのびのびと自分のなりたいものを口にしていることにも注目したいところです。少々騒がしくなるときもありますが，児童は，教員のちょっとした間の取り方や表情を見て教員のほうに向き直ります。また，はじめのうち，児童はなりたいものを単語で口にするだけですが，教員が文で答えるのを聞いているうちに，児童は I want to be ＿＿. のパターンで発話するようになってきます。また教員は自分の高校時代の話をしますが，児童は楽しそうに話を聞きます。そして，それが引き金となって児童の自主的な発話が急に増えます。見事に児童の気持ちを掴んだ場面です。

　この「グローバル・スタディ」という科目は，学習指導要領で想定している授業時数を越えた自治体独自のカリキュラムですので，小学 4 年生に英文を読ませるとしても，それほど難しいことを児童に要求しているわけではないでしょう。ここでは，singer という語が初めて読む語として出てきます。単元計画の 1 時間目の目標に「なりたいものを表す表現に慣れ親しむ」と書かれているように，singer という語もすでに聞き慣れているものと思われます。また，この singer という綴りも，ローマ字の知識から類推がしやすい語でもあります。ビデオを確認すると児童は一語一語を「分かち読み」してはいません。口頭で十分に慣れ親しんだ表現のなかに singer という語が出てきても，そこでつかえたりせずに読んでいたことには驚きました。

　時間切れだったようで，次の授業で続きをするとだけ伝え，終わりの挨拶をして終了しました。時間があれば，さまざまな締めくくりの方法があったと思います。

4. 改善のヒント

　挨拶における Small Talk では，児童の前日の就寝時刻を話題にしているため，過去形の表現が使われています。この話題を児童同士のペアで対話させる場合には，What time do you ＿＿？と言ってしまう児童がいる可能性もあります。しかし，児童は，昨晩のことについて話し合っているつもりになっているでしょうから，この場でのコミュニケーションが成立するうえで，do を用いるような文法的誤りによる影響は大きくはないでしょう。高学年になるにつれ，左脳の働きが活発になる時期に，do you と did you の違いに意味があると気づくまでは，放っておくのでよさそうです。もちろん，教員は正しく使い分けながら英語を聞かせ，児童の発話の意欲をくじかないよう，適切にリキャストをしてやる必要があります。児童のうち，どれくらいが，did you を使っているか，観察する必要があるでしょう。

　加えて，この Small Talk では，児童が教員と 1 対 1 の対話をしたい気持ちを高めていくと思われます。しかし，一人ひとりに対応する時間が短くなってしまい，気をつけないと機械的な口頭ドリルのようになってしまう恐れもあります。ときには，じっくりと一人の児童との対話をクラス全体に聞かせる場面があってもよいでしょう。

　また，今回の授業では「読むこと」がクイズという形で扱われましたが，結局，児童は他者を意識した英語ではなく，一人称で自分のなりたいものを伝えるための型をしっかりと取り入れたことになりました。しかし，この次にはさらに発展的なリーディングの指導を工夫する必要があります。クイズは，持てる知識を動員する知的活動ですが，「情報収集」というリーディングの本来の目的をゴールに置くようなクイズも可能であろうと考えます。そこから逆算して活動を計画するならば，三人称の扱いは避けて通れません。今回の，カードに描かれたキャラクターや人魚になりきっての I want to be ＿＿．だけではなく，友だちのなりたいものを推測したり尋ねたり，報告したりするような活動へと発展させることは自然なことではないでしょうか。この授業で教員は，さりげなく he / she を用いていました。未習であっても「理解可能なインプット」になっています。そして十分なインプットを与えた後でなら，生徒にも he / she を使いたくなるような状況や場面を与えることは不可能ではありません。三人称という課題をクリアすることで，児童の表現する範囲とそこに含まれる対人関係が広がることになります。さいたま市のような独自カリキュラムならなおさら，従来の文法の指導順序を再構成することに取り組むことを考えるべきです。それは，意義のある試みになると考えます。

5.　全体を通した留意点

　浅井先生の授業では，児童に状況と意図が理解できようにするなかで，英語表現をあまり加減せずに使っています。児童にはそれらの表現を使うように強いることはしていませんが，児童に対してリキャストを巧みに行うことで児童とのやり取りを良質のインプットの場にしています。

　この学校のように，1 年次から英語に親しんでいるのであれば，小学校中学年であっても，それまでに慣れ親しんだ表現を自由に組み合わせるだけでさまざまなコミュニケーションができる喜びを体験させることが可能になります。授業内で，自分の言いたいことが学んだばかりの英語で相手に届くという体験は不可欠です。Small Talk や新しい表現を導入するためだけでなく，授業のなかのあらゆるやり取りを通じて，英語は実際に使える言語であり，使って伝わることは楽しいものだと印象づけたいものです。そのためにも，教員には，内容のあるやり取りを構成する努力が重要になるわけです。この授業から学ぶことはそういうことだと考えます。

（授業：浅井麻衣子，前書きと解説：小泉仁）

2節
4年生の「他教科連携」授業
——題材を重視した授業構築の試み

　本節では，広島大学附属小学校での4年生の授業を紹介します。同小学校では，「聞くこと」「話すこと」を中心に導入し，外国語に慣れ親しみ，英語の学びへの動機を高めたうえで，児童の認知的な発達段階に応じて段階的に文字を「読むこと」「書くこと」を加え，総合的・系統的に扱う教科学習を低学年から週2単位時間で開始し，実践しています。その一環として取り組んでいる他教科・他領域等と協働して単元開発を行った「内容を重視した単元・授業実践」について紹介します。児童が他の教科で学んだ学習内容を想起しながら，英語学習を進めることにより，思考力・表現力の両輪を伸ばす実践をめざしています。一歩先んじた小学校英語教育の実践例として参考にしていただきたいと思います。

1. 授業についての情報

(1) **授業者:** 西原美幸（広島大学附属小学校　学級担任）

(2) **学　年:** 4年生

(3) **単元名:** The Water Cycle—Where does the Water Come from and Go?

(4) **教　材:** 社会科，道徳，総合的な学習の時間での学びと統合（次ページの図参照）

(5) **単元目標と評価規準**

〈単元目標〉

▪ 身近な資源の利用に関する自分が知り得た情報を5Rsの観点から分類することができる。

▪ 上記の情報をもとに，「限られた資源を大切にするために何ができるか」「社会や家族のためにどんなことができるか」など，自分の考えを整理して教師や友だちと伝え合い，新たな価値を生み出し，表現することができる。

〈評価規準〉

【知識・技能】

〔知識〕▪ 水のサイクルや資源の利用に関する表現を理解している。

〔技能〕▪ 水のサイクルや資源の利用に関して自分が知り得た情報や，自分が地域社会に貢献できることについて，表現する技能を身につけている。

社会科
「大昔から使っている水。なぜへらないの？」
- どこで水を飲んでいるの？
- ぐるぐるまわる水〜水のじゅんかん〜
- 世界の水のじゅんかん
- 水のじゅんかんをつくるために

総合的な学習の時間
「節水チャレンジ！」
- 身近なエコ
- おうちの人とできる節水
- エコ活動を無理なく続けるためには？

道徳「このままにしていたら」
- 生き物が生存できる環境を守るという観点から，ゴミ問題に関して，自分に何ができるかを考える。
- 資源を利用するための取り組みを知り，協力し合うことが共生や環境保全にかなうことを知る。

英語科 (本単元)「The Water Cycle — Where does the Water Come from and Go?」
- To be able to identify and sequence the key components of the water cycle
- To understand the importance of water conservation
- To understand the processes of evaporation and condensation
- To express ideas about why water is important and why/when we need to save water
- To express ideas about what we can do in daily lives to save the earth

【思考・判断・表現】
- 水のサイクルや資源の利用に関して教師や友だちが話す英語を聞いて，状況や前後の関係から推測しながら概要をとらえている。また，よりよい地域社会にするために，自分の考えや気持ちを含めて伝え合っている。

【主体的に学習に取り組む態度】
- 水のサイクルや資源の利用に関して教師や友だちが話す英語を聞いて，状況や前後の関係から推測しながら概要をとらえようとしている。また，よりよい地域社会にするために，他者に配慮しながら，自分の考えや気持ちを含めて伝え合おうとしている。

(6) 言語材料

【単語】recycle, repair, reduce, refuse, reuse, milk carton, pet bottle, battery, plastic bag, water, can, newspaper, plastic tray, printer ink, chopsticks

【表現】We can ____. I think it's (important / useful / convenient.) I think so, too. I agree with you. I don't think so. I disagree with you.

(7) 準備物

- 単語絵カード，X チャート（掲示用の大きいものと児童用のワークシート）
- 絵本
- Small Talk に必要な小道具

(8) 単元の指導計画（本時は第 5 時）

時	◆目標　○主な言語活動
1	◆ 絵本の読み聞かせを聞き，水の循環に関するいろいろな語彙を知る。 （第 3 時までは，帯活動で行う） ○ Story Time, Let's Listen（主に「聞く」の活動）
2	◆ The Water Cycle の基本語句・表現について知る。 ○ Small Talk, Story Time, Let's Listen, Let's Play（主に「聞く」「やり取り」の活動）
3	◆ 自分たちの生活のなかで水がどこからやってきて，どのように使われているのかを英語で知る。 ◆ 自分たちにできることを考え，節水チャレンジを英語で作成する。 ○ Small Talk, Story Time, Let's Talk, Let's Read and Write （主に「聞く」「やり取り」「発表」の活動）
4	◆ 自分の家庭や地域社会で水がどのように利用されているのか，ALT に伝える。 ○ Small Talk, Story Time, Let's Talk, Let's Read and Write （主に「やり取り」「発表」「書く」の活動）
5 （本時）	◆ 身近な資源の利用について気づいたことを教師や友だちと英語でやり取りしたり，分類したりする活動を通して，自分たちが地域社会や家族のために，どんな貢献ができるかについて考える。 ○ Small Talk, Let's Talk, Let's Read and Write, Let's Watch and Think （主に「読む」「やり取り」「発表」「書く」の活動）
6	◆ 自分たちの生活のなかでさまざまな人と共生するために，何が必要かを考える。 （総合的な学習の時間）
7	◆ 自分や周りの人たちの生活をよりよくするための考えを英語で伝え合う。 ○ Small Talk, Let's Talk, Let's Read and Write, Let's Watch and Think （主に「やり取り」「発表」の活動）

2. 本時の展開

以下の点に留意して内容重視の学習活動を展開します。

① 英語を通した内容理解，教師と児童がメッセージをやり取りするという観点を大切にして学習活動を行います。

② 内容説明に使う英語は児童の理解可能な語彙および表現を使用します。

③ 英語での学習活動が児童にとって過重負担とならないように，一つひとつの活動は短時間にします。

④ 背景知識を活性化するために，豊富な視聴覚教材や作業をしながら完成させることができるワークシート等を活用し，足場掛けを行います。

⑤ 気づきだけに終わらせず，学びを深めるため教師が必要と感じたポイントでは日本語を使用し，思考を深めさせます。

⑥ 学習活動中は双方向でのやり取りとなるように，英語での声かけを豊かに行います。

挨拶（省略）

Small Talk（5 分）

Teacher: On Sunday and on Monday you had no school. What did you do on Sunday and on Monday? (Three, two, one, go. で，全員で両手でリズムを打って質問文を反復) First ask your partner.

Students: What did you do?

（ペアで週末の行動についての質問と応答のやり取りを行う）

T: Okay. Anyone, share. (児童挙手，１人を指名) Question, please. 3, 2, 1, go.

Ss: What did you do?

S1: I went to firefly.

T: "Firefly?" Okay. Do you know "firefly?" (クラス全体に質問) What's "firefly?" We can see a firefly at night.

S2: 花火？

T: No, that's fireworks. No, no. Insects. Firefly.

S3: ほたる。

T: Yes, that's right. How was it? (S1 に対して)

S1: It was fun.

T: It was very fun. Beautiful? (以下，同様に他の児童を指名し，全員で "What did you do?" と質問し，答える，という形でやり取りを続ける)

Yes / No クイズ (3分)

*男女ペアでクラスと対面，教師が黒板にトピックの絵を提示。ペアは絵を見ないで，Yes / No 疑問文をクラス全体に投げかけ，児童たちはそれらに答える。答えをヒントにトピックを推測する活動。

T: Now, let's play Yes / No Quiz. (挙手，男女ペア一組を指名。2人が前に出る) Stand up right here. So you have one minute. Ready? (トピックの「乳牛」の絵を黒板に提示。「あーー」) Three, two, one, go.

S4: Are you food?

Ss: No.

S5: Are you a bear?

Ss: No, I am not.

S4 & S5: Can you ＿＿＿?

T: Anyone, hint, please. Color? You are?

S6: Color, black and white.

T: Okay, One more hint, please.

Ss: Four legs.

T: You have four legs.

S4 & S5: Are you a cow?

Ss: Yes.

T: Okay, very nice. Four legs. One more. Next pair. (挙手，別のペアを指名。次のトピックである「牛乳」の絵を黒板に提示) Next topic.

Ss: (トピックの絵「牛乳」を見て発言) あ〜！(以下省略)

前時で学習した既習語彙の復習 (3分)

T: Time is up. Cows produce milk. And when you drink milk, and after you drink milk, what do you do? Is this a garbage? No. (牛乳パックの絵カード提示)

Ss: Recycle.

T: We can recycle milk carton. Good. Recycle is one of the five R's. What are the other R's? We can … Do you remember? We can recycle. What else? (挙手，指名)

S7: Repair.

T: We can repair. We can recycle milk carton. S7 said we can repair. I can repair. Three more.

Ss: Reduce.

T: We can reduce. Yes. And? (指名)

S8: We can refuse.

T: Refuse. We can refuse. Refuse. Okay, one more.

Ss: We can reuse.

T: Reuse. Very nice. There are five R's. We can ＿＿. (全員で反復練習) We can reuse, We can refuse, We can reduce, We can repair, We can recycle. We can recycle milk carton, but what else? Recycle what? (挙手，指名)

S9: We can recycle pet bottle.

T: Pet bottle. I see. (指名)

S10: We can recycle clothes.

T: Clothes? Okay.

本時の目標の提示 (1 分)

> What Can We Do for the Community and People in Our Daily Life?

ペアタスクの指示 (2 分)

T: We think, let's think. What can you do, what can we do for the community and the people? (目標の英文を黒板に提示) We can recycle what? We can reuse what? Okay, so, everyone, everything, pencil case, file, everything in the desk. Okay? So, now I'll give you one task. (ワークシートを配布) One pair one sheet. I'll give you the paper bag. Okay, the paper bag. In this paper bag, we have 12 items. 12 items and one white card. Okay, so please think. For example, we can ... what? (Ss: Clothes.) Yes, we can repair clothes, we can reuse clothes. You have many ideas, but please think in pairs. And put this card on the sheet. And when you put this on the sheet, please say it in English. We can reuse clothes. (カードを配布) When you finish, you can add the white card, write anything , but please finish 12 items. So, let's try.

*〔既習語彙の再練習〕ペアの活動の様子を机間指導で見取り，単語がスムーズに出てこない児童の姿を確認した後で，12枚の絵カードの単語の発音練習を行う。

　　Now do it in pairs. I can .... Please think with your partner. How many minutes?

Ss: Five, Ten.

T: Okay, seven. Open your bag. Open your bag. Go. Here you are. Three, two, one, go.

ペアでのメインタスクへの取り組み (12分)

(児童はペアでタスクに取り組む。その間，教師は机間指導)

S1: I think we can recycle plastic bottles.

S2: Oh, I think so, too. But we can reduce recycle plastic bottles.

S1: That's right. どっちに置く？

S2: We can reduce recycle plastic bottles.

S1: OK! How about plastic bags? (以下省略)

T: (タイマーが鳴る) Okay, one more minute.

タスクの結果の発表 (10分)

T: Okay. So, everyone, stop pair work. Stop pair work. Now, let's share what you think. Shh! Please finish your pair work. What can we reuse? What can we reuse? (児童挙手，1人を指名し，その児童は前に出る) Come here, please. Reuse.

S1: We can reuse plastic tray.

T: Okay? Me, too? The same idea? Any other idea? Reuse? (児童挙手，別の1人を指名，前に出て発表)

S2: We can reuse battery.

T: Yes. So you can charge battery. You can reuse battery. And?（指名，発表の際に全員を見るように指示する）Stop. Stand up right here. 落ち着いて。We can reuse? Big voice.

S3: We can reuse water.（黒板の大きなワークシートに次々と絵カードを児童が貼っていく）

T: Okay? So you wash rice? So this water?

S4: Rice water.

T: Rice water. So where does this water go? Wash the water? Wash the rice?

Ss: 肥料。

T: Yes, 肥料. So you give this water to flowers. So we can reuse water. Any other idea? Reuse, one more.

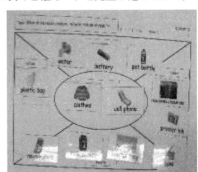

S5: We can reuse printer ink.

T: Printer ink? Reuse. Reuse printer ink. Okay? Okay? Let's go to reduce. Reduce. We don't get. Reduce.

*同様に reduce について児童がアイデアを発表していく。絵カードにないアイデアを発表する際の，児童と教師とのやり取りについて，2 つの例を以下に示す。

〔例 1〕

T: Okay. So now you have new ideas. New ideas. Okay? You have a white card and your own idea in your daily life. Every day what do you do? Every day, what do you do? Every day, daily life. Okay.（指名）Say to everybody.

S1: We can reduce erasers.

T: Erasers?　どういう意味で言ったか，ちょっと補足説明してみて。

S1: 消しゴムは消したら減るから。

T: 減るから。大切にするってこと？

> **授業者より** ペアごとに絵カードを用いた分類活動を行います。まずは，隣にいる友だちと意見を出し合いながら，合意形成をめざします。児童同士の発話は主に相手が何を言っているかという内容にフォーカスが当たり，メッセージのやり取りが中心となっています。少しでも認知負荷を減じるためにも，絵カードや X チャートのような視覚補助を使って作業をしながら対話を進めさせました。

〔例 2〕

T: Okay, let's share. (指名) To everyone, please.

S2: We can repair cameras.

T: Repair? Repair what?

S2: Camera

T: 聞こえた？　Cameras. (camera と板書)

　　Two more, please. We don't have much time.

本時テーマ (ゴミや資源の分別) に関する海外の写真を見て推測 (4 分)

T: Now look at the screen. Screen. Or look at this photo, picture. Can you see?

Ss: 残飯じゃ。

T: Really? The same photo. The same picture. This is a teacher and the students. This is a school in Germany. Germany. What are these students doing?

S1: 残飯。

T: 残飯？ Food trash?

S2: Garbage.

T: Garbage. They are garbage boxes. There are three garbage boxes. Why do they have three garbage boxes in the classroom? Why? Why? Three boxes?

Ss: 可燃ごみ？　不燃ごみ？

(児童はペアで話し合う)

T: Okay. Stop. Any idea? So what are they doing? Hint. Three garbage boxes.

(指名)

S3: Separate.

T: Separate? (音節で区切りながら発音) Separate. One garbage box, everything. No. もうちょっと分かりやすいものを ??? (別の写真を提示)

Ss: あーー！

T: Okay? This is a garbage box. Where is this place? This is a train station.

Ss: ええ！

T: Okay? So, English, French, German. Okay?

S4: Paper.

T: Yes, papers. Waste, Waste means garbage. Waste, paper, and this is a little difficult. Garbage, 普通の garbage, paper, plastic. Okay? Separate. Three plastic garbage. 先生がドイツに行った時に駅で見つけて撮った写真です。

本時の振り返り (5 分)

T: Everyone, what can you do during your everyday life? In English? We can? Anyone?

S1: We can reduce water.

T: We can reduce water. Stop water.

S2: Reuse water.

T: Reuse water? Good!

S3: Recycle water.

T: Recycle water?

S4: We can reuse clothes.

T: Reuse clothes. 30 秒でリフレクション書きます。

3. 解　説

　それでは，観察者としての視点から，西原先生の授業実践の成果と課題について，まとめましょう。まず，本実践は他教科との協働による学びを重視していますので，本単元が小学校のカリキュラムのなかでどう位置づけられているかを確認します。次に，より具体の実践に基づいて，西原先生の Teacher Talk に焦点を当てて，学ぶべき点をまとめます。

　本単元 "The water cycle — Where does the Water Come from and go?" は，56 ページの図で示したように社会科，総合的な学習の時間，特別の教科 道徳，でのこれまでの学びをもとに外国語科 (英語科) の学びへとつなげたものです。西原先生によれば，そうした学習の具体としては以下のものがあったそうです。

【社会科】「大昔から使っている水。なぜへらないの？」から派生・発展させた単元

　　→ 第 3 学年時：オリジナルスーパーマーケットを考えて，クラスで紹介。（地域社会）

　　→ 第 4 学年前期：広島県の特産品についての学習のなかで水の使途とその大切さについて学ぶ。（地域社会）

【総合的な学習の時間】世界の水事情や課題などを学び，節水チャレンジに取り組む。

【特別の教科 道徳】「このままにしていたら」（『どうとく 4　きみがいちばんひかるとき』光村図書出版）との関連で，ごみを減らし，資源を有効に利用するための取り組みや規則を学び，共生社会の在り方や環境保全について学ぶ。

　小学校学習指導要領のなかにも「他の教科等で児童が学習したことを活用」することが推奨されていますが，西原先生は初等教育のカリキュラム全体のなかで本単元を位置づけ，計画的・体系的に外国語科の授業を構想されています。国語科，音楽科，図画工作科などとの連携を超えた，まさに「カリキュラム・マネジメント」を主導する教師の姿を実践に見ることができます。

　では，授業記録のなかから西原先生の児童とのやり取りの場面を見ましょう。冒頭の Small Talk から始まり，メインの活動であるペア活動への指示，ペア活動後の児童の発表，それぞれの段階での西原先生の英語使用は秀逸です。一例を挙げます。

T: Okay. So, everyone, stop pair work. Stop pair work. Now, let's share what you think. Shh! Please finish your pair work. What can we reuse? What can we reuse?（児童挙手，1 人を指名し，その児童は前に出る）Come here, please. Reuse.

S1: We can reuse plastic tray.

T: ① Okay? Me, too? The same idea? Any other idea? Reuse?（児童挙手，別の 1 人を指名，前に出て発表）

S2: We can reuse battery.

T: Yes. ② So you can charge battery. You can reuse battery.

　このやり取り場面では，教師が児童の積極的な発話を促したり，聴衆である児童をやり取りに集中させたりするための具体的な教授方略が用いられています。下線を施した①の部分では，聞き手であるクラス全員を，発表者の発話に注目させるべく，同じアイデアをペア活動で考えた児童に挙手により確認を行っています。また，②の部分では発表した児童の発話を別の表現で言い換えることにより，多様な英語表現をインプットとして提供しています。

　そのほかにも本実践では，児童が他の児童や教師の発話に対して自主的に発言する姿が

多くみられました。もちろん日本語での発話もありますが，自らの思いや考えを発することができるためには，教室内で信頼関係が醸成されていることが前提になります。男女のペアでの活動時も笑顔にあふれている児童の様子が多数みられました。

4. 改善のヒント

　全体を通して，テンポのよい授業という印象を持ちました。改善すべき点として敢えて挙げるならば，「教師による発問・指示」→「児童の発話」→「教師によるフィードバック」という流れのなかで，発言する児童がどうしても偏ってしまうのではないかという心配があります。積極的に発言しない，できない児童に対して，それぞれの声を掬い上げるにはどうするか，おそらく外国語活動・外国語科の授業だけの問題ではないでしょうが，外国語活動・外国語科の授業のなかでも私たちは意識しておく必要があると思います。

5. 全体を通した留意点

　本授業実践では，児童は他教科での学習を踏まえて，自ら思考し，意見を深め，さらに基本的な表現などを使用して児童同士でやり取りができています。それでも児童のなかには自らのアイデアや意見を手持ちの表現では表わし尽くせないケースもあったかもしれません。つまり，認知や思考の発達に見合う英語力をどう伸ばすのか，ということが課題になります。学年が進むにつれて，児童が考える内容と英語で発表しうる内容との間に存在するギャップをどうバランスをとるか，克服するかを検討する必要があるでしょう。

（授業：西原美幸，前書きと解説：築道和明）

3節
3年生の児童同士のやり取りを
喚起する授業——担任の児童理解を活かす

　学ぶ価値のある「先進的」な教育活動のほとんどは，教師が迷うことなく凡事徹底を貫き，今までにない水準で児童に「深い・濃い」学習活動に取り組ませることにより，児童の「やる気，本気，その気」に火を付けた教育活動です。その教育活動が児童の確実な知的成長を促すがゆえに「学ぶ価値ある教育活動」となります。

　以下の授業実践における「先進的」とは，「年賀状を書く」という日本のほとんどの子どもたちにとってのワクワクする凡事を設定して，外国語活動をその一点に集中させる点にあります。児童の日常生活を「英語でも」辿りつつ，年賀状の制作に至る「当たり前のことを徹底する」外国語活動の展開を観察してみましょう。いかなるすぐれた実践にも改善の余地があることは当然であると承知しながら。

1. 授業についての情報

(1) **授業者:** 久米優子（浜松市立上島小学校　学級担任）

(2) **学　年:** 3年生

(3) **単元名:** What do you like?　何が好き？

(4) **教　材:** *Let's Try!1*, Unit 5, What do you like?

(5) **単元目標と評価規準**

　〈単元目標〉自分のことをよく知ってもらったり相手のことをよく知ったりするために，友だちにどんな色や果物，スポーツが好きかを尋ねたり，相手に伝わるように工夫しながら自分の好きなものを答えたりする。

　〈評価規準〉

　【知識・技能】

　〔知識〕▪日本語と英語の音声の違いに気づいている。

　〔技能〕▪色や果物，スポーツなど身の回りのものの言い方や，何が好きかを尋ねたり答えたりする表現に慣れ親しんでいる。

　【思考・判断・表現】

　▪自分のことをよく知ってもらったり相手のことをよく知ったりするために，相手に

伝わるように工夫しながら，どんな色や果物，スポーツが好きかを尋ねたり，自分の好みを答えたりして伝え合っている。

【主体的に学習に取り組む態度】

- 自分のことをよく知ってもらったり相手のことをよく知ったりするために，相手に伝わるように工夫しながら，どんな色や果物，スポーツが好きかを尋ねたり，自分の好みを答えたりして伝え合おうとしている。

(6) 言語材料

【単語】色・果物・スポーツなど（red, orange, white, black, yellow, purple, pink, green, brown, blue, strawberry, orange, banana, apple, kiwi fruit, grapes, soccer, baseball, volleyball, table tennis, dodgeball, basketball, swimming など）

【表現】

- 好きなものを尋ねる　What (color / fruit / sport) do you like?
- 好きなものを答える　I like ＿＿.
- 挨拶する，お礼を言ったりお礼に応えたりする（既習事項）

(7) 準備物

- クラスの思い出の写真（パワーポイント），3 ヒントクイズ（パワーポイント）
- 色や果物，スポーツなどのピクチャーカード
- インタビューカード，振り返りカード
- 資料を提示するための環境（パソコン，大型テレビなど）

(8) 単元計画（本時は第 4 時）

時	◆目標　○主な言語活動
1	◆ クラスのオリジナルの花を作るために，自分の好きな色を伝えたり，友だちに尋ねたりする。 ○ What color do you like? I like (pink / green / yellow / red / orange). などの表現を使ってクラスのオリジナルの花を作る。
2	◆ 絵本をもとにしてお弁当のデザートに何がいいか，自分の好きな果物を伝えたり，友だちに尋ねたりする。 ○ What fruit do you like? I like (apples / grapes / apples / bananas). などの表現を使って自分の好きなお弁当のデザートを紹介し合う。
3	◆ クラスの人気のスポーツランキングを作るために，自分の好きなスポーツを伝えたり，友だちに尋ねたりする。 ○ What sport do you like? I like (dodgeball / basketball / swimming). などの表現を使って自分の好きなスポーツを伝え合い，クラスのランキングを作る。
4 (本時)	◆ 友だちに喜んでもらえるような年賀状を送るために，友だちに好きな色や果物，スポーツなどを尋ねる。また，自分の好きな色や果物，スポーツなどを伝える。 ○ What (color / fruit / sport) do you like? I like ＿＿. などの表現を使って友だちの好きなものを聞いたり，答えたりして年賀状を作る。

2. 本時の展開

　友だちが喜ぶような年賀状を作るために，友だちの好きなものを尋ねたり，答えたりする活動を行いました。導入で本学級の今までの思い出を振り返り，学級のよさを共感し合ったことで，友だちに好きなものを尋ねたいという意欲を高め，心のこもったやり取りにつながりました。また，友だちと関わり合う場面では，英語を使いながら気持ちのよいやり取りができた児童を称揚しました。学級担任が外国語活動を行いながら，児童理解や学級経営にもつなげることができ，担任のよさを十分に活かした授業になったと考えます。

　また，児童が作成する年賀状には，"A Happy New Year"とあらかじめ英語を入れたものを用意しました。友だちの好きな色で文字を塗ったり，好きな果物，スポーツ，数字などのイラストを加えたりして，思い思いの年賀状を作ることができました。インタビューしたことを活かした年賀状を作ることができ，英語で友だちと関わり合う必然性を持たせることができました。

挨拶 (1 分)

Teacher: Let's start today's lesson. Hello, everyone.
Students: Hello, Kume sensei. How are you?
T: I'm fine, thank you. How are you?
Ss: I'm fine thank you.

クラスの思い出を振り返る (7 分)

T: (カレンダーで 12 月を指し示しながら) This month is December.
　　2019 is over soon. Goodbye!
　　(手を振り，2019 年がもうすぐ終わることを，ジェスチャーを交えながら伝える)
Ss: 冬休み〜！
T: Yes. So, Let's look back on the memories of 2019.
　　Here we go! (パワーポイントでタイムマシンの絵を提示)
　　What's this picture? (運動会の様子の写真)
S1: あ〜！　運動会！！
T: Yes! This is a sports day in June.
S2: 優勝したよね。

T: Yes!! We got a trophy! (トロフィーを見せる) Congratulations!

Ss: (うれしそうに声を上げる)

T: 長縄も最高新記録だったね！ すごかったね。OK. Next. What's this picture? (学年水泳大会の様子の写真)

S3: あ〜。学年水泳大会だ！ なつかしい。

T: That's right. This picture is the swimming competition in July.

S1 swam very fast! S2 took a lot of balls.

Ss: そうだった，そうだった。(と盛り上がる)

T: Yes. Next! What's this picture? (音楽発表会の様子の写真)

S4: 音楽発表会！

T: Yes! This is the music recital in November.

You sang very well. You played the recorder. It was very nice!

今年もクラスの思い出がたくさんできたね。

I was very happy with everyone.

> **授業者より** 今年のクラスの思い出を共有することで，クラスや友だちのよさに気づかせました。そして，この思いを大切にしながら，年賀状づくりに向かう意欲へとつなげました。

Ss: あんなこともこんなことも…… (思い出話に盛り上がる)

Three Hint quiz (8 分)

T: So, Let's play Three Hint Quiz! (パワーポイントで 1 つずつ提示)

① No.1, present. No.2, white and red. No.3, reindeer.

Ss: (周囲と相談しながら，挙手) あ〜そういうことか！ サンタクロース !!

T: That's right. The answer is Santa Claus. S5, do you like Santa Claus?

S5: Yes!!

T: Oh. Me, too. I like Santa Claus, too. (数人の児童に尋ねる) So, next quiz!

② No.1, kite. No.2, you get money from your grandparents. No.3, I like 栗きんとん.

Ss: お正月〜！

T: Yes! That's right! I like おせち. Do you like おせち？ Yes, I do. Raise your hand. No, I don't. Raise your hand.

Ss: (どちらかに手を挙げる) 黒豆好き〜。

T: I like 黒豆, too. Next quiz!

③ No.1, new year. No.2, post. No.3, use a pencil.

> **授業者より** クイズを通して，本単元の表現である like を繰り返し聞かせました。また，適宜，質問をしたり，児童の言った内容を繰り返したりして，既習表現の想起を図りました。

Ss: あ〜。分かった〜。年賀状だ。

T: Yes! I have a question. What is the 干支 this year? What's the animal?

Ss: なんだっけ？ ねずみ……？

T: This year? (イラストで今年の干支を確認する) Next year?

Ss: ねずみ!!

T: Yes. みんなは友だちに年賀状書くのかな？ 今日はね，クラスのみんなに，今年もお世話になりましたの気持ちを込めて，年賀状を作ろう。

Ss: (盛り上がる)

T: 何を書けば，相手は喜んでくれるかな？

S6: 友だちの好きな絵とか，メッセージとか……

S7: あ〜好きなものとかだったら，英語でやったじゃん！

T: そうだね。せっかく友だちにあげるんだから，友だちの好きな色とか果物とかを聞いて書いてあげれば喜ぶね。メッセージも入れたらもっと喜んでくれるね。

デモストレーション (4分)

T: (きょろきょろ教室を見渡す) Hi, S8. What color do you like?

S8: Hi, Kume sensei. I like blue.

T: You like blue? Thank you! What fruit do you like?

S8: I like bananas.

T: Oh, you like bananas. I like bananas, too. What sport do you like?

S8: I like dodgeball.

T: You like dodgeball. I like swimming ! S8, Thank you! Bye!

先生は，S8 に好きな色や果物，スポーツを聞いて，メモしました。もし，ほかに聞いてみたいことがあれば，ぜひインタビューしてください。

> **授業者より** 何のためのインタビューなのか，目的意識を明確に持たせてから，活動に取り組ませました。友だちに心を込めて年賀状を送るという目的のため，より多くの友だちにインタビューするということよりも，一人ひとりの相手に対して丁寧なやり取りができることに重点を置きたいと考えます。児童の実態から，数字や動物など，児童が質問しそうなものもいくつか挙げ，質問に付け加えてよいことを伝えました。

インタビュー (16分)

T: まずは，隣の席の友だちへの年賀状を作ります。次に男の子は女の子へ。女の子は男の子へ年賀状を作りましょう。そして，その後は，自由に年賀状を送りたい友だちを見つけてインタビューをしてくださいね。

S9: Hi, S10. What color do you like?

S10: Hi, S9. I like pink.

S9: Nice!

S10: Thank you. What color do you like?

S9: I like blue.

S10: You like blue. Good!
　　 What animal do you like?

S9: I like dog.

S10: You like dog? Me, too!! Thank
　　 you! Bye!

T: Everyone. Please go back to your
　　 seat.

授業者より　隣の席の友だち，男女の友だち，そして好きな友だちなどの条件を付けることで，全員に年賀状が届くよう配慮しました。担任は，児童の人間関係や個々の発達段階を把握しているため，支援が必要な児童に適宜声をかけました。また，自分から話しかけることが苦手な児童1名とペアになり，インタビューを行い，その後，仲のよい友だちとインタビューを行うよう促しました。何と答えたらよいか不安に感じている児童には，単語で伝えてもよしとしたり，指導者と一緒に答えさせたりして不安感を取り除きました。そして，インタビューの様子を観察し，よりよい関わりをしているペアを見つけ，中間評価へ活かしました。

T: 今の皆さんのインタビューを見ていて，よかったなと思う友だちを紹介します。
　　S11と，S12は，お互いの顔を向き合って，笑顔で答えていました。とても気持ちのよいインタビューでした。それに，最初と終わりにはHi.とかThank you.の挨拶も入れていて，これもいいなって思いました。あと，S13は今まで勉強した英語を使って，自分の好きなものを友だちに答えていたね。友だちの言ってくれたことに，あいづちを打って聞いたのもよかったよ。

授業者より　積極的に友だちに関わる姿や，相手のことを思いながら笑顔やジェスチャーなどを入れて反応する姿，自分のことを英語で伝えようとする姿など，よりよいコミュニケーションを図っている児童を紹介し，全体で共有しました。ほかの授業では消極的だった児童がこの日はとても前向きにインタビューをしていたり，一人になっていた友だちに声をかける児童もいたりしたので，そうした個々のよさや頑張りも紹介しました。

T: では，後半。聞きたい友だちのところへ行って，インタビューしましょう。

*各自で年賀状をつくり，その場で手渡ししてもよいとした。多くの児童が，新年に渡したいとのことだったので，一度回収し，新学期の初日に友だちへ手渡した。

振り返り（8分）

T: 振り返りカードに今日の振り返りをします。発表しましょう。

S14: 楽しかったのは，友だちにインタビューしたことです。わたしは，みんなの好きなものが知れてとてもうれしかったです。

S15: 今までの授業のことをたくさん振り返った感じで，たくさんの英語を話せてうれしかったです。

S16: 今日は，友だちにあげる年賀状を作りました。友だちの好きな数字が分かって，年賀状に書けたのでうれしかったです。

S17: みんなの好きな色やフルーツ，スポーツが前よりも分かって，いい年賀状が書けました。みんなに渡したときに，喜ぶんじゃないかなと思いました。

S18: 今まであんまりインタビューができなかったけど，今日は6人にインタビューができてうれしかったです。もっとインタビューをしたかった気持ちもあるけれど，6人でもいっぱい気持ちを入れて作れたからいいかなと思いました。

T: みんな友だちのことを思って，好きなものを入れたりメッセージを添えたりしてとっても素敵な年賀状ができたね。また来年もこのクラスで楽しく過ごそうね。

終わりの挨拶（1分）

T: That's all for today. See you! Bye!

Ss: Bye!

3. 解　説

授業が「どれほど Real, Personal, Interactive なのか」という視点で解説します。

　Real: その言葉がどれほど児童の自然な気持ちや考えを表現しているか。

Personal:　一人ひとりの児童がどれほど自分自身のこととしてその言葉を使っている
　　　　　か。
Interactive:　実感のある言葉のやり取りを通じて相手の言葉によってどれくらい自分
　　　　　　の言葉を磨き豊かにしているか。

「友だちにどんな色や果物，スポーツが好きかを尋ねたり，自分の好きなものを答えたり
することができる」という題材は Real で Personal です。児童は「色や果物，スポーツ」が
大好きですから，いくらでもしゃべりたくなります。ということは，単元目標を達成する
ためには Interactive が鍵を握ります。Real, Personal は教材等の工夫によって，ある程度
は事前に準備できますが，授業を展開して児童を目標に導くには，児童の Real と Personal
な言葉を絡ませ束ねて「Interactive に導く力量」にかかっています。

　児童が「好きな〜を伝えたり，尋ねたり」する活動が毎時間を貫いています（以下で教師
が使う英語については，筆者の友人 George Hilltop 氏の助言を受けました）。

T: Yes! This is a sports day in June.
S2: 優勝したよね。
T: Yes!! We got a trophy! (トロフィーを見せる) Congratulations!
Ss: (うれしそうに声を上げる)
T: 長縄も最高新記録だったね！ すごかったね。OK. Next. What's this picture?

　ここには Real，Personal，Interactive の要素がありますが，その強度は異なります。「運
動会」の体験は Real です。"Congratulations!" によって Personal な運動会の記憶は Real
に甦ります。Personal ですが，やり取りがなければその強度は Real ほどではありません。
教師とやり取りをした児童を除いては，Interactive はほぼゼロです。つまり，通常の英語
活動は Real ＞ Personal ＞ Interactive となります。高い水準で Real ＝ Personal ＝ Interactive
な「英語が染み込む」授業をめざしましょう。

　英語活動を Real, Personal, Interactive な観点から自己分析しながら，all-in-English の技
量を高める努力を続ける「プロ英語教師」になりましょう。

4. 改善のヒント

　授業を自己分析するための視点，Real, Personal, Interactive はこの順に教室での実行難
度が高まります。「年賀状を作る」は児童の活動として十分に Real です。児童はすでに日

常生活で「年賀状を書く，送る，受け取る」というワクワクする体験をしたことがあるからです。児童が持つことのできる十分に Real なイメージに比べて，Personal, Interactive を英語活動のなかで実現することは容易なことではありません。実行すべきことは 2 つです。「1 クラスの児童数を減らすこと」と「教師が英語だけで授業を展開できる力量を持つこと」です。Personal, Interactive の水準を上げることは，英語だけで授業を展開する覚悟をした教師の心がけと努力でできます。

　ある小学校の理科の先生は英語を教え始めました。その先生によれば，教室に入る前に必ず実行していたことがありました。その日の授業を展開するために自作した all-in-English のシナリオをしっかりと覚えておくことはもちろん，授業直前には「その日に使う英語をすべて控室の鏡に向かって，自分の姿を見ながら Real に言ってみる」のです。その先生が心掛けたのは「授業中には必ず 1 回は爆笑が起こるようにすること」です。「笑いのない授業は英語の授業ではない」が信念でした。この先生には，鏡の前での練習を含めて，授業の準備が十分できているという自信と余裕があったので，all-in-English でもその教室では必ず爆笑が起きていました。当然のことながら，子どもたちに惜しまれつつ退職され，現在は海外に永住して，緑豊かな海辺で暮らしておられます。毎回の授業前に準備を怠らず，鏡の前の修行を重ねて，子どもたちに，そして子どもたちと英語で語り合ったのです。努力を重ねれば，「英語教育」も「英語」も専攻したことのない教師でも，その実力ゆえに児童に慕われるプロ英語教師になれます。

5. 全体を通した留意点

　「教える」ということが児童の「やる気」を引き出した時に初めて「教師の仕事は面白くやりがいがあるなぁ」と実感できます。小学校の英語の授業はこのことを体験できる絶好の場面を提供してくれます。

> **留意点①**　子どもたちにとっての英語の源は教師です。子どもたちに英語で語りかける練習をして，自信をもって子どもたちの前に立ちましょう。

　次のような場面があります。

　T: Yes. みんなは友だちに年賀状書くのかな。

　Real, Personal, Interactive を心掛ければ英語だけでも次のように展開できます。

T: Let's make and write（書くジェスチャーをしながら）a new year's card to your friend.
　　Yeah.

　ここでは教師が，カードに文字を書く動作をしながら英語で語りかけることによって，児童は Real, Personal な体験をしています。英語だけの授業でも「場面，動作，言葉」が一致していれば児童は未知の英語は自分で推測して乗り越えます。「教え込む」よりも，むしろ児童に「推測させて」「気づかせて」「やる気」を引き出すことができるようになります。

┌───┐
│ 留意点②　教師は体全体で子どもたちに語りかけましょう。│
└───┘

"Three Hints Quiz" の場面です。

T: So, Let's play Three Hints Quiz!（パワーポイントで 1 つずつ提示）
　　No.1, present.　No.2, white and red.　No.3, reindeer.

この場面は，次のように展開することもできます。

T:（挿絵を示しながら，教師はこめかみ辺りにものすごく大げさに人差し指を当てながら，ことさらゆっくりと）What is it?

または，児童が英語に慣れてきたら "What is this in English?" と尋ねます。
　児童は教師の体全体を使った「大げさな」ジェスチャーで直感的に意味を理解します。教えられたのではなくて，自分の直感で理解した言葉は児童自身に深く食い込み，自分で使える力になります。さらに英語に慣れてきたら，児童から "What is it?" "What is this in English?" と尋ねることもできるようになります。児童のなかで Real, Personal, Interactive の循環が始まります。

（授業：久米優子，前書きと解説：杉浦宏昌）

1節
1年生のティーム・ティーチング授業
―ICT の効果的な活用

　専科教員（JTE）と学級担任（HRT），外国語指導助手（ALT）のティーム・ティーチング（TT）による1年生の授業を紹介します。実践校は，1，2年生で週1時間，3〜6年生は週2時間の外国語活動を実施しています。また，独自のメディア・コミュニケーション科を柱とする情報活用能力の育成にも力を注ぎ，ICT 機器を活用した創造性教育を各教科等で体系的に育成することをめざし，「主体的・対話的で深い学び」を実現する授業実践を行っています。本節で注目したいのは，ICT を活用した3名の教員による授業で，低学年児童がどのように外国語に出会い，楽しく考えながら英語を通したコミュニケーションを行っているかということです。俣野知里先生は小学校と中学校教員免許状（英語）を持ち，京都市の公立小学校で学級担任をしながら外国語活動を推進してこられましたが，京都教育大学附属桃山小学校に転勤された初年次で専科教員としては1年目です。

1. 授業についての情報

(1) **授業者:** 俣野知里（京都教育大学附属桃山小学校　JTE），久保咲和佳（HRT），John Sanfo（ALT）

(2) **学　年:** 1年生

(3) **単元名:** "Do you like pink?"「すきないろをたずねあおう」

(4) **教　材:** テキストは使用せず，授業者のオリジナルで展開する。

(5) **単元目標と評価規準**

〈**単元目標**〉新1年生に送るメッセージ入り花飾りを作るのに必要な花びらを集めるために，好きな色を尋ねたり答えたりする。

〈**評価規準**〉

【知識・技能】

▪色を表す語や，ある色が好きかどうかを尋ねたり答えたりする表現に慣れ親しんでいる。

【思考・判断・表現】

▪自分の好きな色を集めるために，相手に分かりやすくある色が好きかどうかを尋ね

たり答えたりしている。

【主体的に学習に取り組む態度】

- 自分の好きな色を集めるために，相手に分かりやすくある色が好きかどうかを尋ねたり答えたりしようとしている。

(6) 言語材料

【単語】色（red, blue, green, pink, yellow, orange）

【表現】

- 好きかどうかを尋ねる　Do you like ____? Yes, I do. / No, I don't.
- 挨拶する，お礼を言ったりお礼に応えたりする（Thank you. You're welcome.）（既習）

(7) 準備物

- 色の絵カード，オリジナル絵本（参照作品：エルヴェ・テュレ作・谷川俊太郎訳『まるまるまるのほん』ポプラ社）
- うた（"Action Colors"），チャンツの音楽資料
- 資料を提示するための環境（タブレット PC，電子黒板，パソコン）

(8) 単元計画（本時は第 4 時）

時	◆目標　○主な言語活動
1	◆ 色の言い方を知ろう。 ○ 読み聞かせを聞き，言語材料と出会う。
2・3	◆ 好きな色を尋ねたり答えたりしよう。 ○ うたやチャンツ，ゲームを通して好きな色を尋ねたり答えたりする。
4 (本時)	◆ 相手に分かりやすく好きな色を尋ね合おう。 ○ お店屋さんごっこを通して，好きな色を尋ね合う。

2. 本時の展開

　本時は，授業で教員が ICT を有効に活用しながら児童を引きつけ，好きな色の花びらを集めてお花を作り，そこにメッセージを書いて新入生に送るという目的に向かって，やり取りをさせる授業です。3 名の教員のやり取りと ICT の活用を中心に見てみましょう。

Greetings: 指導者や友だちと挨拶をする（5 分）

ALT: Hello.

Students: Hello, Mr. Sanfo.

A: How are you?

Ss: I'm great. I'm hot. I'm happy. I'm hungry.（以下省略）

HRT: Hello.

Ss: Hello. How are you?

H: I'm happy. どうしてかと言うと，給食がパンだからです。

Ss: メロンパン！ メロンパン！ 知ってる！

H: Do you like *melon pan*?

Ss: Yes, I do. / No, I don't.

* この後に，全員で Hello Song を歌う。

（以下省略）

| 授業者より | 児童の興味・関心に応じて，3名の教員がさまざまな質問をすることで，児童が楽しみながら英語でコミュニケーションを図ることを大切にしています。 |

本時のめあてと流れを確認する（2分）

JTE:（飾りの見本を実物と電子黒板で示し）It's my flower. So, today, let's go shopping. Let's check the goal. 今日は，いよいよみんなでお買い物へ行きます。そこで，「あいてにわかりやすくすきないろをたずねたりこたえたりしよう」をめあてにします。How about the plan?

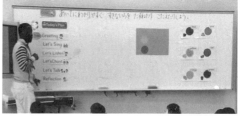

A: OK. For today.（流れを示した掲示物を指しながら）We already finished greeting. After the greeting, we will have let's sing. After singing, let's ...

Ss: Listen.

A: OK. Good.（省略）After the chant, let's talk. And then ...

Ss: Reflection!

A: Reflection.

Let's Sing: うた "Action Colors" を歌う（3分）

J:（流れを示した掲示物の矢印を動かしながら）Next, "Let's Sing". Let's sing "Action Colors". Today, team blue, Ms. Kubo.

H:（手を挙げる）

A:（児童の列を指しながら）This line, team pink.（以下省略）

J: Stand up, please. Are you ready?

Ss: Yes, I am.

J: OK. Let's start.

（電子黒板を使い，音楽を流しながら，身振り手振りを交えてうたを歌う）

（以下省略）

Let's Listen: オリジナル絵本 *Do you like pink?* の読み聞かせを聞く（7分）

* タブレット PC と電子黒板を使い，紙面を映しながら読み聞かせをする。

J: OK. Let's listen to the story.

S1: "Do you like pink?"

J: Yes! Good! もうみんな言えるようになったの？

Ss: "Do you like pink?"！

J: Wow. Very Good!

A: All right. OK. So do you like pink?

Ss: Yes, I do. / No, I don't.

A: So. Let's continue with our story.

* この後，やり取りを交えながら読み聞かせをする。（一部抜粋）

A:（絵本の画面を指しながら）What is this? Please touch the white circle.

> **授業者より** オリジナル絵本を活用し，児童とのやり取りや動作を交えながら読み聞かせをすることで，楽しみながら言語材料に慣れ親しむことができるようにしました。

S1: (画面の白い丸の部分を触る)

A: (2 つに増えた白い丸を示しながら) How many
　　white circles?

Ss: Two! (以下省略)

A: Please touch the left circle.

S2: (左の丸の部分を触る)

A: That's right. Good. What color is it?

Ss: (白からピンクに色が変わった丸を見ながら) Pink!

A: That's right. Do you like pink?

Ss: Yes, I do. / No, I don't.　(以下省略)

A: Now, it's time to go shopping for many colors.

J: (電子黒板の背面から登場人物を取り出し) Hello.

Ss: Hello.

J: Let's go shopping. 続きは，この間のチャンツでやって
　　みたいと思います。

> **授業者より** ALT が読み聞かせを担当し，JTE が教室後方からタブレット PC を操作して画面を変更することで，児童の動きに合わせて画面に映る丸の数が増えたり，色が変わったりするようにしました。

Let's Chant: チャンツ "Do you like pink?" を言う (3 分)

J: (電子黒板を使い，チャンツを流す準備をしながら)
　　チャンツ流れるかな？

Ss: Hello! (チャンツの言葉を言い始める)

J: Yes. Good.

H: Let's go shopping! (音楽が流れ始める)

* この後，役割を交代しながらチャンツを言う。

Let's Talk : 好きな色を尋ねたり答えたりする (20 分)

J: OK. (本時のめあてを指し，「あいてにわかりやすく」に線を引き) Look at this.

Ss: あいてにわかりやすく。

J: そう。相手に分かりやすく伝えるために，どんなことが大切だと思う？

S1: 笑顔！

J: あぁ。Smile. (絵カードをホワイトボードに貼る)

A: Smile.

Ss: (数名が手を挙げ始める)

H: S2.

S2: Listen.

A: Oh, listen. Smiling, listening.

H: S3.

S3: Watch.

J: Good. この3つができたらお買い物, うまくいきそうかな？

授業者より めざす姿の具体例を全体で共有することで, 本時のめあてを意識して活動ができるようにします。

Ss: (うなずく)

J: それでは, 今日はこの3つに気をつけてお買い物をしたいと思います。

Ss: (教員の指示を聞き, お店屋さん役とお客さん役に分かれて配置につく)

J: Shopkeepers. Are you ready?

Shopkeepers: Yes, I am. / No. No. No.

J: No, I'm not? Hurry up please.

Ss: OK! OK!

J: OK. Customers. Are you ready?

Customers: Yes, I am! OK!

J: OK. When you listen to the music, please sit down. Let's go shopping.

〈前半〉(児童のやり取りの例)

・活動序盤

Shopkeeper 1: Hello.　Customer 1: Hello.

Shopkeeper 1: Do you like red?

Customer 1: No, I don't.

授業者より 児童が用いる表現は, チャンツを通して何度も慣れ親しんで習得したものなので, 自信をもってやり取りを楽しんでいます。

Shopkeeper 1: Do you like pink?

Customer 1: No, I don't.

Shopkeeper 1: Do you like blue?　Customer 1: Yes, I do.

Shopkeeper 1: Here you are.　Customer 1: Thank you.

・活動終盤

（省略）

Shopkeeper 1: Here you are.

Customer 3: Thank you.

Shopkeeper 1: You're welcome!

Ss: (電子黒板から流れてくるチャンツを聞き，元の
　　場所へ戻る)

> **授業者より** Shopkeeper 1 の児童のよう
> に，友だちや教員とのやり取りを繰り返す
> なかで，少しずつ自信をもち，自分の思い
> を英語で伝えようとする児童の姿が複数み
> られました。

〈中間評価〉

J: (絵カードを示し) Smile, listen, watch. Good.　ほかにもこんな
　　素敵な人がいました。(絵カードを見せ) Eye contact.

S4: あぁ。Eye contact!

J: それから，たくさんの人ができていました。Clear voice. お店
　　屋さんもお客さんも相手に聞こえるようにお話しできていて素
　　敵でした。Good!　では。Switch.

Ss: (後半の準備を始める)

H: (早く準備ができた児童を見つけて) S5 and
　　S6, very good!　すぐお買い物行けそう
　　やね。

J: Shopkeepers. Are you ready?

Shopkeepers: OK!

J: Customers. Are you ready?

Customers: Yes, I am. Yes!

J: OK. Let's go.

> **授業者より** お店屋さんごっこのような活
> 動では，楽しさからやり取りを急ぐ児童の
> 姿もみられることがあります。そのため，
> 中間評価では，めあてに沿った児童の姿を
> 全体で共有し，後半の活動の充実へとつな
> ぐようにしました。

〈後半〉(児童のやり取りの例)

Shopkeeper 1: Hello.

Customer 1: Hello.

Shopkeeper 1: Do you like red?

Customer 1: Yes, I do.

Shopkeeper 1: Here you are.

Customer 1: Thank you.

Shopkeeper 1: You're welcome.

> **授業者より** 3 名の教員は，児童の実態に
> 応じ，一緒に表現を確かめたり，お客さん
> 役になって児童とやり取りをしたりしなが
> ら，必要に応じて支援・指導しました。

Customer 1: Good bye.

Shopkeeper 1: Good bye.

Ss: (電子黒板から流れるチャンツを聞き，元の場所へ戻る)

* 集めた花びらを貼り，飾りを完成させる。

Reflection: 振り返りシートに学習の振り返りを書く (5分)

J:　Let's move on to reflection time.

Ss: (学習の振り返りを書く)

* でき上がった飾りを友だちと見せ合う。

児童の振り返りの例 (第4時のみ抜粋)

* 児童の頑張りを認め，Good bye Song を歌って授業を終える。

3. 解　説

　本授業は，低学年の発達段階に応じた絵本やうた，チャンツなどの楽しい活動と，ICT を効果的に用いて，児童の注意を引きつけ，魅力的な最終目的に向かい，3名の指導者が役割分担をしながら協働で作り上げています。教科指導での ICT 活用では，学習指導の準備と評価のための活用，授業での教員による活用，児童生徒による活用の3つが重要だと言われています (文部科学省，2009) (⇒第2部5章2節)。本実践のなかで，どのように ICT と TT が効果的に使われ，児童を引き込みながら，授業が進められているかを見ていきましょう。

　授業の導入では，3名での TT の場合，児童がそれぞれの教員とやり取りを交わし，名前もつけ加えながら異なる質問に答えます。毎回同じように気分や天気を尋ねるのではなく，好きなものなどを聞くことで児童は自己表現活動を楽しみ，教員の反応なども心待ちにしています。その後で周りの友だちとも英語で挨拶を交わしています。また，授業の最初と最後に毎回歌う "Hello Song" や "Goodbye Song" は，児童を英語の世界へいざない，英語を話す場や雰囲気を醸成するのに役立ちます。さらに，単元のテーマに合わせてうたを選曲し，その単元で学ぶ語彙や表現に繰り返し慣れ親しませることも大切です。本実践で

は，"Action Colors" を歌って 6 色の表現に慣れるとともに，clap your hands，stomp your feet といった動作をリズムに合わせて行います。低学年では英語を聞いて内容を理解させることや英語のリズムや音声に慣れ親しませることを大切にしましょう。Listen and Do，Listen and Touch，Listen and Color，Listen and Draw，Listen and Say などは，低学年ならではの楽しい活動です。また，活動の始まりと終わりを知らせるために英語のうたやチャンツを流すなど，日常的に音楽を活用することで，英語を使う環境と教室の楽しい雰囲気が生まれ，英語を話すことに対する児童の不安を軽減することにつながります。

　本実践の大きな特徴は，タブレット PC と電子黒板，ロイロノートなどをフルに活用していることです。ここで使われるオリジナル絵本 *Do you like pink?* は，blue, pink, yellow, red, orange, green の 6 色と 1 から 10 までの数，circle などの形や right, left, middle などの既習の表現を用いて作成されています。この絵本を使って JTE と ALT が読み聞かせをしながら，児童を巻き込む活動を展開しています。例えば，ALT が "Touch the right white circle." と指示を行い，手を挙げた児童から HRT が指名し，前に出てきた児童が画面の右の円をタッチすると，その数が増えたり，色が変わったりします。ALT が "Clap your hands ten times." と言い，児童全員で手をたたくと数が増え，10 の円が画面に現れるといった具合に，楽しい仕掛けがデジタル絵本に組み込まれています。ICT ならではのカラフルで動きのある魅力的な教材です。児童はみるみる引き込まれていき，やってみたいと全員が手を挙げます。ALT の英語の指示に従ったり，皆で動作を行ったり，楽しい活動をするなかで児童は英語を理解し，語彙と表現を習得していきます。児童の発達段階と思考や特性を生かした活動設計，教材作成を行い，児童を集中させて活動に取り組ませています。

　次に，コミュニケーション活動につなげるために，語彙・表現に慣れ親しませ，使えるようにするための橋渡し活動として，チャンツが用いられています。そのまま使えば児童同士のやり取りができるようにモデルダイアログになっているのがポイントです。リズムをつけて飽きさせず繰り返して楽しく言えるオリジナルチャンツで，児童は指導者の声に合わせて，何度も練習することができます。

　本時の中心的な活動では，指導目標「相手に分かりやすく好きな色を伝えたり，答えたりしよう」を提示したのち，児童に活動のポイントを言わせて全体で確認し，前半と後半でお店屋さん役とお客さん役に分かれて "Hello. Do you like pink? Yes, I do. Here you are. Thank you." など定型表現を用いながら，児童が好きな色の花びらを買いに行くなかで，何度も繰り返し色や表現を使って体得している様子がうかがえます。また，中間評価を入れJTE が「買ってもらってよかったな，うれしいなあと思うお客さん，素敵だなあと思うお店屋さんは誰でしたか？」などと児童に尋ねたり，HRT が頑張っていた児童をほめたりし

て，clear voice, eye contact, smile, gesture など相手意識を持たせて活動に取り組ませるように促しています。その為，ポイントが分かった児童は，後半の活動で大きな声で元気よく，自信をもって活動するようになります。本時でも，流暢性が上がり，相手意識も生まれ，自然な英語でのやり取りができており，少しでも多くの色を集めようと友だちとコミュニケーションをする様子がみられました。指導と評価の一体化の面では，Can-Do評価 (4 段階尺度) と自由記述を用いて，本時の目標に対して，毎時間自己評価をさせています。低学年からメタ認知を高め，自立した学習者に育てるために，目標と評価を合わせて提示し，児童に振り返らせ，教員も児童の様子を丁寧に見取ることが重要です。

4. 改善のヒント

　1 年生のなかには，英語を聞いて理解し，動作をつけて歌うといった複数の処理と行動を同時に行うには認知的に負荷がかかる児童もいます。より細やかに，一つずつ活動を確認しながら進めることも必要かもしれません。また，3 名の指導体制のなかで，HRT の立ち位置や役割が薄くなることがあります。特に，英語に自信のない HRT は JTE や ALT に任せがちになるため，Small Talk や振り返りの場面などで活躍の場があればよいのではないでしょうか。3 名の役割分担と TT のよさを活かすためには，十分な打ち合わせと信頼関係，めざす児童像の共有が必要であるのは言うまでもありません。

5. 全体を通した留意点

　本単元はこの後，集めた花びらを画用紙に貼って My flower を作り，そこに新 1 年生のためにメッセージを書くというゴールが準備されており，その目的のために，さまざまな色の花びらを集めに行くといった必然性が生まれます。もう一つ，オリジナル絵本には続きがあり，物語の最後は各自が自分だけの My own flower を作るといった活動へとつなげられています。JTE をはじめとする皆に "Oh, beautiful. Many colors!" とほめられることで，うれしい感情，自己肯定感，達成感が生まれるでしょう。1 年生段階では，英語と遊びをつなげる，算数・図画工作など他教科とつなげるといった視点も大切にしたいものです。

　また，本授業の特徴は，ICT 機器活用，JTE・HRT・ALT による TT です。3 名の指導者とやり取りができることで，児童は大量の英語に接することができます。Teacher Talkは児童の理解に合わせて，分かりやすく，ゆっくりはっきり，ジェスチャーをつけて語り

かけています。指導者の豊かな表情やジェスチャー，ICT による映像や絵なども児童の理解を助けます。しかしながら，学校によっては，教室に設備が整っていなかったり，学級担任や専科教員の単独指導体制であるかもしれません。その場合は，紙芝居や大きな絵本を用いたり，デジタル教材や DVD などでやり取りを見せることも可能です。

　大切なことは，ゴールをめざし児童が少しずつ英語の音や表現に触れながら，うたや絵本，楽しい活動を通してまずは英語を聞いて分かろうとすること，チャンツなどで表現に慣れ親しみ，使える語彙や表現を用いて，自分の気持ちや思いを伝えあう場面や状況のなかで英語でコミュニケーションを行うことです。また，児童の外国語や異文化に対する興味を高め，豊かで温かいこころを育てること，自信をつけさせることです。低学年での外国語との楽しい出会いと経験が，その後の外国語学習への動機づけや態度を形成することを心に留めたいものです。

（授業：俣野知里，前書きと解説：泉惠美子）

2節
1年生の意味のあるやり取りで進める
授業──中・高学年を見通したインプット

　本節では，神奈川県逗子市にある私立・聖マリア小学校1年生の授業を紹介します。授業者は，同校の英語専科非常勤講師として長年指導されているベテラン教員です。

　私立に限らず公立小学校でも，学校裁量の時間として低学年で英語に触れる機会を設けている学校が多数あります。低学年といえども単語レベルのゲーム遊びなどに留まらず，英語で楽しく「意味のあるやり取り」を経験させるなかでコミュニケーションの楽しさを味わわせ，中・高学年，さらに中学校，高等学校…へと長く続いていく英語学習のよいスタートを切らせてあげたいものです。

　本単元では，低学年らしくリズムに乗っていろいろなものを数えている間に，児童が英語のリズムやイントネーションを自然に身につけ，3, 4年生の外国語活動への土台を築くことをめざします。教師主導のやり取りを通して意味を伝え合う経験を豊かに重ねさせることを目的としています。

1. 授業についての情報

(1) **授業者:** 松原木乃実（聖マリア小学校　専科教員）

(2) **学　年:** 1年生

(3) **単元名:** いくつあるかな，数えてみよう！

(4) **教　材:** 英語テキストは本単元では使用せず，授業者のオリジナルで展開する。

(5) **単元目標と評価規準**

〈単元目標〉いくつあるか知ったり，伝え合ったりするために，数を言い表す表現を用いてやり取りする。

〈評価規準〉

【知識・技能】

▪ 1～20程度の数の言い表し方や尋ね方に慣れ親しむ。

【思考・判断・表現】

▪ 身の回りのものや絵本などに描かれているものについて伝え合うために，ものを数えたり，数を問われたら答えたりしている。

【主体的に学習に取り組む態度】

- 身の回りのものや絵本などに描かれているものについて伝え合うために，ものを数えたり，数を問われたら答えたりしようとしている。

(6) **言語材料**　※聞いて理解できる単語・表現

【単語】1〜20（ただし，活動のなかで児童が必要とすれば経験させる数は制限しない）

【表現】How many _____ are there? There (is / are) _____. How many _____ can you see? How many _____ do you have? Do you have _____? (I / you) have _____.

(7) **準備物**

- 出席番号の活動で使うカード　▪ ペットボトルのキャップ
- 国語の教科書『みんなとまなぶ しょうがっこう こくご 一ねん 上』（学校図書）
- 絵本 *Brown Bear, Brown Bear, What Do You See?*（by Bill Martin, Jr., pictures by Eric Carle, Puffin Books）

(8) **単元計画**（本時は第 2 時）

時	◆目標　○主な言語活動	
1	◆ 数の言い方を知る。	○ ものを数える。
2 (本時)	◆ 数を尋ね合う。	○ いくつあるか数え，伝え合う。
3	◆ さらなる数の言い方を知る。	○ 身の回りのものの数を数える。

＊本単元以降も，数の表現はさまざまな場面や状況で繰り返し使っていくようにする。

2. 本時の展開

　1 年生児童の興味を引きつける多様な場面と活動を与え，「いくつあるのだろう？」，「数えてみたい！」，「伝えたい！」という意欲を引き出しながら，単なる繰り返しではない意味のある英語でのやり取りを展開していきます。児童の発話や活動の促し方，指導者の与える豊富なインプットと児童の不完全な発話への指導者の対応の仕方に注目してください。

挨拶（2 分）

Teacher: Good morning, everyone.
Students: Good morning, Ms. Matsubara.

T: How are you?

Ss: I'm fine, thank you. And you?

T: I'm fine, too, thank you. (窓の外を見て) It's fine today.

Ss: (多くの児童が，リピートを促されてではなく「同感」を表して) It's fine today.

> **授業者より** 天気や日付，日直などの確認は毎授業の始めに行っています。心を込めて語りかけることで，機械的で無意味な活動でなく，児童が安心してやり取りに参加し英語の授業を始められるようにと考えています。

T: (黒板の端に書かれている日付などを上から順に指して) Today is February 7th, Friday. And today's leader is S1.

T: Who is absent today?

Ss: S2!

T & Ss: S2 is absent today. (リピートを指示していないが，児童も確認するように一緒に言おうとする)

前時から続く「数の学習」への導入としてのやり取り：今日の時間割は？（1分）

T: (黒板の端に提示された本日の時間割を指して) One, two, three, four, five. You have five lessons today.

Ss: Yes.

T: In the first period, you had …

Ss: Japanese.

> **授業者より** 間を取るなどして，流れのなかで児童も一緒に時間割を確認して言うように促します。

T: In the second period, you had …

Ss: P.E. (3 校時の math も同様に進める)

T: In the fourth period, we are studying …

Ss: English.

T: And you will have lunch.

Ss: Lunch!

T: (5 校時「あそび」を指し) And then, you can play! You can play in the playground. Are you happy?

Ss: Yes! Yes!

ウォームアップ: 曜日と数を言おう！ （1分40秒）

"The Days of the Week" を歌う。その後，児童全員と交互に曜日を言う。

T: Sunday!　Ss: Monday!　T: Tuesday!　Ss: Wednesday!　…（以下省略）

T: Saturday! OK. Now you start, please.

Ss: Sunday!　T: Monday!　…　（以下省略）

T: Saturday! Very good. … One!

Ss: Two!

T: （テンポよく，交互に20まで言っていく）Shall we stop here?

Ss: NO!!

T: Twenty-one!

Ss: Twenty-two!

T: （引き続き40まで言っていく）Are you tired?

Ss: NO!! （続けて50まで言って止めると，もっと言いたいと No! と言う子もいる）

> **授業者より** 「次は数を順番に言いましょう」などと説明を挟まなくても，児童は勘を働かせて参加することができます。

> **授業者より** 言わされているのでなく，自分たちで言いたいと思って言っている状況になるよう導きます。

出席番号を言われたら座ろう！ （3分）

T: Shall we play the number game?

Ss: Yes! Yes! Yes!

T: S1, you are today's leader. Please say "Stop." （番号カードをシャッフルする）

S1: Stop!

T: Please stand up. （一番下の1枚を番号が見えないように裏向きに黒板に貼る。児童は全員起立して自分の出席番号が言われたら着席していく。欠席者や該当者のいない番号のカードも敢えて入れてある）

T: Twelve. Please sit down.

（出席番号12番の児童は着席する）

T: Twenty.

Ss: No! （その番号の児童はいないということを，子どもなりに伝えようする）

> **授業者より** 児童は，黒板に貼られたカードが自分の番号かもしれないとワクワクしながら真剣に数を聞きます。
> 　該当の児童が着席した後にカードの番号を見せます。数を聞き取ることが目的ですが，聞いた数を繰り返す児童もいます。

T: Six. （出席番号6番の児童は着席する）（中略）What is S2's number?

Ss: Five!

T: The next number is five. But S2 is absent today.

　(最後に残った児童に) What is your number?

S3: Seventeen. (→ 黒板に貼ったカードも 17 か，表に向けて皆で確認する)

うたやライムを楽しもう！（6分）

〈うた〉"Seven Steps"

* 普通に歌った後，数を 1 つ抜かして歌うゲーム的な活動にして数回歌う。

T: What number shall we skip this time?

S1: (指名されて) Three!

T: OK. We are going to skip "three."

> **授業者より**　うっかり抜かさずに歌ってしまうこともありますが，英語の時間は間違えても大丈夫という雰囲気で進めます。

〈ライム〉"One Potato"

*こぶしを Up! Down! の指示に合わせて上下しながらライムを唱える。動作が one や two に合致するので，数をはっきりと言うことにつながる。

〈うた〉"One, Two, Three, Four, Five, Once I Caught a Fish Alive"

* 歌詞に合った身振りも付けて歌うが，英語のリズムに合った適度な動作にする。

T: Please sing "One, two, three, four, five" and "six, seven, eight, nine, ten."

> **授業者より**　導入して日が浅く，歌詞にあいまいな部分があったので，そこを重点的に聞かせる手だてを取りました。

どのページかな？（9分20秒）

*国語の教科書の挿絵に描かれているものについて聞いたり，やり取りをしたりして，そのページを探す活動。

T: (パンダやイヌなどの動物の子どもたちが，教室でカンガルーの先生と名前カード作りをしているページを見ながら) In my Japanese textbook, I can see a panda.

Ss: Panda? (つぶやきながら，ページをめくって探し始める)

> **授業者より**　他教科の教科書は，児童が一人 1 冊ずつ持っているので，英語授業のページ探しの活動に利用可能です。

T: Yes. I can see a panda. And I can see a dog.

Ss: (口々に) Yes! Dog. いる！

T: And I can see a bird at the window.

S1, what can you see?

S1: Kaba-kun.

T: Kaba-kun? Hippopotamus? Can you see a hippopotamus? Umm, well, no, I can't see a hippopotamus. I can see a panda. I can see a dog. And I can see a bird.

Ss: あ〜。はい！

S2: (指名されて) I can see a book.

T: Yes. I can see two books in the kan-garoo's pocket. I can see a blue book and a red book in her pocket. And …, well …, I can see an elephant.

Ss: いるいる！

T: Can you see a koala? (敢えて，いない動物について尋ねる)

Ss: No!! No koala.

T: S3, what can you see?

S3: Name cards.

T: Name cards? Yes. They are making their name cards.

Ss: 分かった，このページだ！

S4: I can see pencil.

T: Yes. I can see some pencils. How many pencils can you see? Let's count them.

(教師に促されて，児童も声をそろえて) One, two, three … eight.

There are eight pencils. (教科書の当該ページを開く。描かれているものを確認していく)

T & Ss: There is a panda. (多くの児童が繰り返す) This is a panda, and …

S5: Notebook!

S6: Pearl!

T: Ah, pearls. A pearl necklace. (真珠の首飾りをつけているカンガルーを指して) This is a teacher. (teacher の意味を確認するために) Ms. Matsubara is a teacher. Ms. Ko-jima is a teacher. Are you teachers?

Ss: No!

T: You are students. OK. Close your books.

　(ポピーの花がたくさん描かれた表紙の絵を示して) There are many flowers. How many flowers are there?

Ss: One, two … fourteen. (表紙に描かれた花は14輪だが，裏表紙に描かれている花も数えて) Fifteen, sixteen.

T: How many yellow flowers are there?

Ss: Four. (同様に red flowers, orange flowers も数えさせる)

数を言いながら手をたたこう！ (30秒)

T: Clap your hands five times.

Ss: One, two, three, four, five. (数を言いながら，手をたたく)

* 手をたたく回数を変えて，数回行う。

洋服のボタンの数を数えよう！ (6分)

T: S1, please come up here. (皆に) How many buttons does S1 have? Let's count his buttons. One, two, three, four five. Do you have five buttons, S1?

S1: One, two, three, four, five … six!

T: Oh, you have six buttons.

*同様に，数名の児童のボタンを数える。

| 授業者より | ズボンやスカートの隠れた場所にもないか探すなど，本気で数える姿が見受けられました。 |

ペットボトルのキャップはいくつあるかな？ (9分30秒)

T: (キャップの入った袋を振って) What are these? What do I have in the bag?

S1: ペットボトルのキャップ？

T: Do I have caps?

S1: Yes!

T: That's right. I have caps. How many caps do I have? (皆で数えながらカゴへ移す) I have 30 caps. (S2を前へ呼び，カゴからキャップを取らせる)

T: (クラス全体に視線を向けて) How many caps does S2 have?

　(キャップを持っている児童に視線を向けて) Do you have one cap?

S2: No!

T: Do you have two / three caps?

S2: No!

T: How many caps does he have?

S3: Four?

T: Do you have four caps?

S2: No!

Ss: Five? Seven caps? ... (児童は推測して，
　　口々に問いかける)

(中略)

S4: Eleven caps?

T: Eleven caps? Do you have eleven caps, S2?

S2: No!

S5: Do you have nine caps?

S2: Yes! (皆でキャップの数を英語で数えて確認する)

> **授業者より** まず，教師が Do you have ＿＿＿？ と当てようとしているところを見せました。

> **授業者より** Do you ＿＿＿？ と Does he / she ＿＿＿？ では，誰に向かって話しているのか，視線をはっきり見せるよう注意しました。

絵本を見て数えよう！　*Brown Bear, Brown Bear, What Do You See?* (4 分)

＊以前に扱ったことのある絵本を利用してやり取りをする。

T: (絵本を取り出し) This is a brown bear. (色の縞模様のページを開いて) Brown, red,
　　yellow ... orange. One, two ... nine. There are nine colors. What is brown?

Ss: Bear!

T: Yes. The bear is brown. What is red?

Ss: Bird!

T: The bird is red. (このように動物と色を思い出して言っていく)

(登場した動物が描かれたページを開いて) How many animals are there?

T & Ss: One, two, three, four ... ten. (動物が 10 匹いることを確認する)

T: (「子どもがいるよ」という児童の発言を受けて) Oh, are there children?

　　(子どもが 9 人描かれたページを開いて) Yes. There are children. How many children
　　are there? (問いかけを受けて，児童は数え始める)

　　There are nine children. Then, how many boys are there? ... Is this a boy?

Ss: Yes.

T: Is this a boy?

Ss: No.

T: (全員を確認して) So how many boys are there?

Ss: One, two, three, four, five.

T: There are five boys. Then, how many girls are there?

Ss: Four.

T: There are four girls. (てのひらでクラスの児童を指しながら) Then, how many girls are there in this class?

Ss: Nine!

T: There are nine girls in this class. How many boys are there?

Ss: Ten!

T: There are ten boys in this class. So there are 19 very good students in this class!

終わりの挨拶 (2 分)

T: Look at the clock. What time is it? ... (多くの児童が口々に答える) Yes. (12:05 と板書して) It's twelve oh five. (繰り返す児童もいる) Are you hungry?

Ss: Yes!

T: I am hungry, too. Let's finish the lesson. Goodbye, everyone.

Ss: Goodbye, Ms. Matsubara.

3. 解　説

　小学校低学年では，発音練習を通した英単語学習やワード・ビンゴ，簡単な表現を使った単語の置き換え練習などに終始しがちですが，コミュニケーションの本質である「やり取り」の要素も取り入れて，子どもたちに英語を使って自己表現をし，教師や友だちのことを知る「ことばによるコミュニケーション」の楽しさを味わわせてあげたいものです。

　松原先生の本単元「いくつあるかな？　数えてみよう！」では，2. の冒頭でも触れた通

り，数の言い方を教え児童に言わせるだけではなく，目先を変えたさまざまな場面で実に多くの活動を提供しながら，子どもたちに「いくつあるのかな？」と興味・関心をもたせ，「数えてみたい！」，「分かったことを伝えたい！」という主体的な意欲を喚起しています。

　数を言う活動として，45 分の授業過程のなかに，挨拶のあとの「①今日の時間割についてのやり取り」と「②曜日と数を言おう」を導入とし，「③自分の出席番号を言われたら着席しよう」，「④〈うた〉"Seven Steps"」「⑤〈ライム〉"One Potato"」「⑥〈うた〉"One, Two, Three, Four, Five, Once I Caught a Fish Alive"」，「⑦国語教科書のページ探し」，子どもたちの集中力がやや落ちてきたところで「⑧数を言って手をたたこう」でクラスをいったん落ち着かせ，「⑨洋服のボタンを数えよう」，「⑩袋のなかや手に取ったペットボトルのキャップを数えよう」，「⑪絵本 Brown Bear を見て数えよう」，終わりの挨拶での「⑫時刻を言おう」まで，実に 12 のチャンク[2]で 1 年生の集中力を切らさぬ授業設計がなされています。短い活動の⑤は 40 秒，⑧は 30 秒。最も長い本時の中心的な活動である⑦や⑩でも 10 分弱。活動⑦では，先生による挿絵の説明を聞いて，やり取りをしながら当該ページを特定する活動 7 分と教科書表紙のお花の数を数える活動 3 分弱の 2 パートで構成されています。数名の児童を前に出させて行った活動⑨は 6 分，⑪の絵本を使った活動も 4 分程度です。

　短い活動のチャンクが次々と現れるこのような授業展開では，ともすれば活動順送りのオンパレードで「だるま倒し」のように授業がブツ切れになりがちですが，各活動の「つなぎ (transition)」が自然で，例えば，数を言ったりうたやライムを行ったりする際に，"Let's say the numbers from 1 to 20." や "Let's sing 'Seven Steps.'" などとことばで指示することなしに，おもむろに先生が言ったり歌い出したりすると，子どもたちも自然と声を合わせて英語を言い始めたり歌い出したりします。小学生の発達段階の特性を熟知したベテラン教員のなせる「業（わざ）」と言えるでしょう。

　1 年生対象の本授業の見どころは，低学年ではまだ無理と思われがちな「意味のあるやり取り」が行われているところです。前掲の授業スクリプトを見れば分かるように，先生は正しく文の形で脈絡あるメッセージを発信し続けていますが，児童には文での発話を強要することなく，単語やフレーズでの応答 (laconic answer) を許容しながら「意味中心のやり取り」を成立させています。一方，そのようなやり取りのなかでも，例えば，ペットボトルのキャップを手に取った児童についての "How many caps does he have?" という全体への発問に対して，ある児童が推測して "Four?" と発すると，先生はすかさず "Do you have

---

2　ここでの「チャンク」とは，「授業過程のなかで，説明や指導，活動と事後のフィードバック等も含む，ひとつのまとまり」を意味します。

four caps?" と正しい文で問い直します。このような教師の訂正フィードバック (corrective feedback) を「リキャスト (recast)」と呼びますが (⇒第 2 部 2 章)，松原先生はそれを繰り返させることはせず，子どもたち一人ひとりの発言を肯定的に受け止めながら，正しい文を与え続けています。教師によるこのようなインプットの蓄積が，児童の言語習得を促し，必ずや中学年・高学年での学習で実を結んでいくはずです。

4.　改善のヒント

　低学年で意味ある「やり取り」を中心に据えた授業を遂行するには，教師主導の「足場掛け (scaffolding)」が不可欠です。特に 1 年生では，相手意識をもってペア活動を行うことはまだ難しいかもしれませんが，子どもたちの集中力を維持し，授業に変化を持たせるためにも，例えば，ボタンを数える「やり取り」の活動をペアで行わせてみたり，自分のボタンを指さしながら，"1, 2, 3, 4, 5, 6. I have six buttons." などと先生やクラスの仲間に伝える「発表」活動に挑戦させてみてもよいかもしれません。ただし，このような場を設定するかどうかは，子ども理解に基づく教師の判断 (teacher's decision) となります。

5.　全体を通した留意点

　低学年児童は，興味旺盛で積極的に発言してくれますが，その反面，一つの活動に長時間集中して取り組むことは苦手です。松原先生のように短時間で次々と目先を変えながら指導すべき言語材料に繰り返し楽しく触れさせる授業づくりが不可欠です。また，たとえ低学年でも，「意味のあるやり取り」を行ってこその「ことばの学習」であることを忘れないようにしましょう。この先長く続く英語学習を長期的に見通して，不完全であっても場面に即した子どもたちの発話を，愛情を持って共感的に受け入れつつリキャストする姿勢が大切です。小学校教員に求められる英語力は，児童に指導する英語表現を使ってある程度のまとまりある「Small Talk」や「やり取り」ができ，児童に適切な訂正フィードバックを与えられること，と考えるとよいでしょう。

（授業：松原木乃実，前書きと解説：髙橋一幸）

第2部

■

理 論 編

1章
小学校学習指導要領と外国語活動・外国語科

　本章では，小学校学習指導要領により導入された「外国語活動」「外国語科」で期待されている役割を考えます。次に，「知識及び技能」「思考力，判断力，表現力等」「学びに向かう力，人間性等」の学力を育む指導内容，指導と評価の一体化について考えます。また，カリキュラム・マネジメントに基づいた授業時間確保の方法として短時間授業実施の工夫について考えます。

1節｜小学校外国語教育の役割

▶1. グローバル時代の英語教育

　英語は世界中の母語の異なる人々の間をつなぐ国際共通補助語としての役割を担っています。世界で多くの言語が使用されていますが，英語を母語とする人々（英語母語話者）は3億7900万人であるのに対し，英語を第二言語や公用語として使用する人々や外国語として使用する人々など，母語話者以外の英語使用者は7億5300万人とされ，後者の数がはるかに多いことが特徴です（*Ethnologue*, 2019）。

　今日の世界は，相互に結びつきを強め影響し合いながら，国家や国境を越えて，地球温暖化，食糧問題，砂漠化対策などの地球規模の問題を考え，共存，共栄をめざそうとしています。このような時代に生きる子どもたちに求められる資質として，

　(1) 外国語（英語）によるコミュニケーション能力
　(2) 日本の言語，歴史，文化などを理解した日本人としてのアイデンティティー
　(3) 他者の多様性に対する理解，他者の多様性を尊重する態度
　(4) 地球規模の課題解決に向けて協調，協力する態度

があげられています。

▶2. 小学校英語教育で育成する資質・能力

　小学校学習指導要領では，中学年では外国語活動として，「聞くこと」「話すこと」を中心に外国語（英語）に慣れ親しみ，外国語学習への動機づけを行い，高学年では外国語科として，発展的に「読むこと」「書くこと」を加え，総合的，体系的に学習を行うものとされ

ており，次の目標をあげています。

> ▪ **小学校外国語活動　第 1　目標**
>
> 　<u>外国語によるコミュニケーションにおける見方・考え方を働かせ</u>，外国語による聞く
> こと，話すことの言語活動を通して，コミュニケーションを図る素地となる資質・能
> 力を次のとおり育成することを目指す。
>
> ▪ **小学校外国語科　第 1　目標**
>
> 　<u>外国語によるコミュニケーションにおける見方・考え方を働かせ</u>，外国語による聞く
> こと，読むこと，話すこと，書くことの言語活動を通して，コミュニケーションを図
> る基礎となる資質・能力を次のとおり育成することを目指す。
> 　　　　　　　　　　　　　　　　　　　　　　　　　　　　　　　（下線は筆者）

　外国語活動・外国語科の目標の下線部の「見方・考え方」について，中央教育審議会答
申（以下，中教審答申）（2016 年 12 月 21 日）で，「外国語で表現し伝え合うため，外国語やその
背景にある文化を，社会や世界，他者との関わりに着目して捉え，コミュニケーションを
行う目的・場面・状況等に応じて，情報や自分の考えなどを形成，整理，再構築すること」
と述べ，コミュニケーションの目的，場面，状況で，対話者との関係などを考慮し，思考
力，判断力を働かせることを示しています。また，目標に示されている「コミュニケーショ
ンを図る素地及び基礎となる資質・能力の育成」を「言語活動を通して」行うこととして
います。「言語活動」とは，「実際に英語を用いて互いの考えや気持ちを伝えあう」活動を
意味します。この言語活動を通して，児童は実際のコミュニケーションにおいて「思考・
判断・表現」（考えを整理して，相手に伝える手順を考え，自分が使える表現を使う）を繰り返すこ
とにより知識を獲得し，理解を深めていきます（⇒第 2 部 3 章 1 節）。また，外国語の音声，単
語，表現などに関する「知識及び技能」を実際のコミュニケーションにおいて活用するこ
とによって，主体的に運用する技術が向上します。さらに，実際のコミュニケーションを
通して成功体験を重ねることで，自信が生まれ，自分の学習の状況を把握し，自分で目標
を設定できる「主体的に学習に取り組む態度」が身についていくことになります。このよ
うな見通しをもって授業を組み立て，学力を育むようにすることが大切です。

　小学校学習指導要領には，英語学習の目標および内容として，外国語活動では「聞くこ
と」「話すこと [やり取り]」「話すこと [発表]」の 3 領域，外国語科では「読むこと」「書
くこと」を加えた 5 領域の目標，および「知識及び技能」「思考力，判断力，表現力等」の
指導内容が示されています。授業を組み立てる際には，児童の発達段階と実情を踏まえて，
学年ごとの目標，領域別の目標，各単元の目標を定め，各単元の目標に応じた言語活動を
設定することが必要です（⇒第 2 部 3 章）。

　次に，「主体的・対話的で深い学び」の授業の実現に向けて，指導と評価の一体化を図る必要があります。以下に，小学校学習指導要領外国語活動，外国語科の目標を踏まえ，観点別学習状況の評価の対象とするものについて整理した「評価の観点及びその趣旨」を示します（表1.1）。中教審答申に示された「学びに向かう力，人間性等」については「主体的に学習に取り組む態度」を観察することによって，学習の自己調整能力を評価することが求められています。

表1.1　評価の観点及びその趣旨（直山，2020 より）

	知識・技能	思考・判断・表現	主体的に学習に取り組む態度
外国語活動	・外国語を通して，言語や文化について体験的に理解を深めている。 ・日本語と外国語の音声の違い等に気付いている。 ・外国語の音声や基本的な表現に慣れ親しんでいる。	身近で簡単な事柄について，外国語で聞いたり話したりして自分の考えや気持ちなどを伝え合っている。	外国語を通して，言語やその背景にある文化に対する理解を深め，相手に配慮しながら，主体的に外国語を用いてコミュニケーションを図ろうとしている。
外国語科	・外国語の音声や文字，語彙，表現，文構造，言語の働きなどについて日本語と外国語との違いに気付き，これらの知識を理解している。 ・読むこと，書くことに慣れ親しんでいる。 ・外国語の音声や文字，語彙，表現，文構造，言語の働きなどの知識を，聞くこと，読むこと，話すこと，書くことによる実際のコミュニケーションにおいて活用できる基礎的な技能を身に付けている。	・コミュニケーションを行う目的や場面，状況などに応じて，身近で簡単な事柄について，聞いたり話したりして，自分の考えや気持ちなどを伝え合っている。 ・コミュニケーションを行う目的や場面，状況などに応じて，音声で十分慣れ親しんだ外国語の語彙や基本的な表現を推測しながら読んだり，語順を意識しながら書いたりして，自分の考えや気持ちなどを伝え合っている。	外国語の背景にある文化に対する理解を深め，他者を配慮しながら，主体的に外国語を用いてコミュニケーションを図ろうとしている。

2節｜小学校学習指導要領の理念を実現するために

　小学校学習指導要領では，「どのように学ぶのか」「何ができるようになるのか」という視点から，学習の過程を重視しています。まず，児童一人ひとりの興味や関心，発達や学習の課題を踏まえ，児童が主体的に学ぶだけでなく，学習する仲間と対話し，協働しながら学ぶことが重視されています。さらに，学んだことや身につけた学習内容や技術などを，自らの人生や社会の在り方などと関連させることも期待されています。これからの社会においては，生涯にわたって主体的，能動的に学び続け，新しい課題への学びに向かう力の

育成が重要であるとの考え方に基づいています。また，基本的な学習スタイルの確立も重要な課題で，小学校で培った英語学習への興味，推測しながら聞いたり読んだりする姿勢などが，中学校英語教育に活かされることが期待されています。

▶1. 指導内容，指導と評価の一体化

小学校学習指導要領では，音声を中心にした体験的な活動を通じて語句や表現に慣れ親しませたり，読み書きにつなげたり，音と文字の関係や文構造に気づかせたり，まとまった内容を理解させたりすることが求められています。そのためにも，まずは場面を設定し，児童が話してみたい，聞いてみたい話題を選び，コミュニケーションの目的を持たせた言語活動に取り組ませる工夫が必要になります。例えば，クラスで人気のある給食メニューをたずねて「好きなメニュー」のランキング表やグラフを作るなど，英語を使って知った内容を目に見える形で表現させることで達成感を感じさせます。他教科で学んだ内容は積極的に利用しましょう (⇒第1部2章2節)。児童が新しい表現の意味を推測しやすくなるからです。他教科の内容を使用した活動を工夫することは，学級担任がほぼ全教科を指導する小学校では，取り組みやすい指導内容であるはずです。

また，児童が主体的に学ぶ態度を育成するために，自らの学びを振り返り，計画的に学ぶ力を育成するための評価を心掛けなければなりません。評価は，日常の観察評価だけでなく，パフォーマンス課題を与えて評価することが求められています。児童が学んだ知識および技能を，実際のコミュニケーション課題で，思考力・判断力・表現力を働かせながらどのように使うことができるのかを評価するわけです。その際，評価規準を示したルーブリックを児童と共有することが大切になります (⇒第2部6章)。

① カリキュラム・マネジメントについて

小学校学習指導要領では，新しい学力観として，「知識及び技能」「思考力，判断力，表現力等」「学びに向かう力，人間性等」があげられ，これら3つをバランスよく育むことが求められています。この学力観は全教科で示され，従来のように教科別で扱うのではなく，学校全体で，各教科の学習内容に合わせて，どのような資質・能力を育むのかを示す教育課程（カリキュラム）を編成することが期待されています。さらにその教育課程に基づいて授業を行い，成果を評価し，教育課程の再編成や授業につなげるカリキュラム・マネジメントの確立が求められています。

中教審答申では，カリキュラム・マネジメントを3つの側面からまとめています。

> 1）各教科等の教育内容を相互の関係で捉え，学校教育目標を踏まえた教科横断的な視点で，その目標の達成に必要な教育の内容を組織的に配列していくこと。
>
> 2）教育内容の質の向上に向けて，子どもたちの姿や地域の現状等に関する調査や各種データ等に基づき，教育課程を編成し，実施し，評価して改善を図る一連のPDCAサイクルを確立すること。
>
> 3）教育内容と，教育活動に必要な人的・物的資源等を，地域外の外部の資源も含めて活用しながら効果的に組み合わせること。

　外国語活動，外国語科においても，「知識及び技能」「思考力，判断力，表現力等」「学びに向かう力」を育むためには，中長期的な時間枠のなかで豊かな言語体験を持つことができるように，意図的，計画的に言語活動を設定する必要があります。そのために，教科書を基礎としながら，児童の実態に応じて指導内容に軽重をつけたり，興味・関心に応じた内容の追加・補足をすることで，「教科書を教える」のでなく，「教科書で教える」ように工夫します（⇒第2部5章）。

　例えば，教科書に出てくる架空の人物ではなく，児童がよく知っている人物（学校の先生など）の話を聞かせることで，児童が自分の人生や社会とのかかわりを実感できるように工夫します。また，児童同士の対話的な活動において，好きなスポーツの単純な聞き取りではなく，相手の質問に対して，関連する質問を返したり，関連するスポーツをすすめたりするなど，相手に合わせて思考を働かせたり，判断したりする活動の工夫が求められています。

② 短時間学習の扱いについて

　中学年に「外国語活動」，高学年に「外国語科」が導入されることにともない，中・高学年の授業時数が35単位時間増加するなかで，指導計画のあり方が検討されています。中学年の「外国語活動」では，まとまりのある授業時間を確保して行うことが重要であるという理由から，週当たり1単位時間の「外国語活動」を短時間に分割して実施することは難しいと考えられています。他方で，週当たり2単位時間の「外国語科」については，「小学校学習指導要領解説（総則編）（外国語編）」にも示されている通り，まとまりのある授業時間を確保した上で，短時間の授業との関連性を明確にすれば，短時間の授業を実施することも可能と考えています。授業時数増に対応した時間割の編成にあたって，① 長期休業期間の調整や土曜日の授業の実施，② 朝の時間，昼休み前後の時間，放課後の時間などを活用した，10分から15分の短時間学習，③ 45分と15分を組み合わせた60分授業，が考

えられます。

　短時間授業の効果的な導入方法として，目的別に復習型，予習型に分けることができます。

1）復習型短時間授業

　45分授業で学習した内容（文字や語彙，表現等）を繰り返し学習することで，単元でのコミュニケーション活動の質（正確さ・流暢さ）や量の充実につながります。

2）予習型短時間授業

　45分授業の前に，Small Talk（⇒第2部3章2節）を通して単元の話題に関する背景知識を与えることで，児童の興味・関心を高める効果が期待できます。また，児童がコミュニケーションに必要な関連語彙の導入に利用することも可能です。

　短時間授業を導入する問題点として，例えば，授業時間が15分，挨拶，ウォームアップに3分ほどかかるとすると，実際の活動には10分程度しか残されていないことになり，十分な活動時間が確保できない場合があります。このような問題を避けるために，単元や題材などの内容や時間のまとまりを見通した指導計画と教材の準備が必要になります。

（國方太司）

2章
指導者に求められる英語力と指導力

本章では，指導者に求められる英語力および指導力とは何か，どのように音声インプットを提供していけばよいかについて述べます。また，ALT（外国語指導助手）とのティーム・ティーチングにおいて，授業をリードする役割を担う教師（T1）として何をすべきかについても考えます（学級担任，ALT，専科教員の役割については第2部4章を参照）。

1節｜指導者に求められる英語力と指導力

▶1. 外国語習得におけるインプットの重要性

　音声によるインプットは言語習得において欠かすことができないものです。子どもたちは音声を聞き，その内容を類推し，意味を同定することを繰り返しながら理解を深めていきます。しかし外国語学習環境におけるインプットの量は母語獲得のそれと比べ，たいへん限られたものになります。そのため，授業において指導者が積極的に英語を用いて語りかけ，できるだけたくさんのインプットを提供することはとても重要です。しかし，インプットを多く与えればそれでよいかというと，そうではありません。量の担保と同時に，提供するインプットの質も大切です。全く理解できない言葉を45分聞き続けることは苦痛でしかなく，児童の自信や学習意欲を喪失させることにつながりかねません。したがって，児童が現在持っている英語の力を活用して，頑張れば理解できるようなインプットであることが重要で，指導者には目の前の児童の英語学習の段階を見極め，それに応じたインプットを提供できることが求められます。そのためには，指導者には基本的な英語の知識と運用能力があることに加え，児童が推測を働かせながら理解することができるようにインプットを調整する力も必要になります。

▶2. 理解可能なインプットの提供方法
① 状況と言葉を一致させる

　母語獲得におけるインプットの多くは「りんご，おいしそうだね」や「カエルさんがいたね」「くつを履こうか」といった，目の前にあるものや状況と合致した言葉がけとなっています。そのように状況と一致した言葉は意味の推測が容易になり，理解可能なインプッ

トへとつながります。外国語学習場面においても，このような「現在の状況と一致した言葉」を語りかけていくことが重要です。例えば，児童の目の前にカルタカードが袋に入って置かれているとします。その状況で "Open the bag and take out the cards." と言われれば，多くの児童が場の状況から意味を推測できるでしょう。このようにしてインプットが児童にとって理解可能なものになるよう配慮していくことが重要です。

②　Teacher Talk の工夫を活用する

　Teacher Talk とは学習者のレベルに合わせて，使用する語彙や文法，声の使い方，話の流れなどに工夫を凝らした指導者の話し方のことを指します。具体的には「大事な言葉を繰り返す」「抽象的な内容を具体例をあげて説明する」「身振り手振りや視覚資料を活用する」「話す速度や間の取り方を調整する」などがあげられます。また，指導者が一方的に語るのではなく，聞き手である児童とインタラクションを図ることを通して，児童が意味の理解にたどり着くよう支援することも重要です。

　ここで，第1部実践編の2章2節に登場する西原美幸先生 (広島大学附属小学校) の実際の授業での語りを2つ書き起こしてみます。次ページの表2.1は5年生，表2.2は1年生に向けた語りです。5年生への語りかけでは，言い換えや例示など言葉の使い方を通して理解を促す場面が多くみられました。一方，1年生への語りでは，ほぼすべての発話においてジェスチャーが付随し，視覚を通して指導者の語りの意味が理解されるよう工夫されていました。また児童のつぶやきに対して賞賛を通して正解であることを伝えたり，さらに詳しい説明を行ったりもしています。このようにさまざまな工夫を講じながら児童が「なんとなく分かった」と思えるような語りかけが指導者には求められます。

　表2.2 に示した指導者の発話を見ると，(3), (7), (9) など児童のつぶやきをとらえて英語で反応を示していることが分かります。指導者が一方的に語り続けるのではなく，児童とのやり取りを通して，児童の理解状況を把握し，それに応じた支援を講じながら語りかけることが重要です。また，このようなやり取りのなかで，児童の発話に英語としての誤りや不十分な点がみられることもよくあります。例えば表2.2の (9) の直前において，児童は英語で表現できず日本語で「勝ったらマル？」と言っています。もしかすると別の児童は "Circle?" と単語だけで質問をしたかもしれません。そのような時，対話の流れを止めて，誤りを指摘したり，言い方を指導したりするのではなく，やり取りのなかで自然な形で正しい英語を聞かせる方法を「リキャスト (recast)」と呼びます (⇒第1部1章4節5, 第1部3章2節3)。児童の発言を肯定的に受け止めながら，正しい表現を与え続けることが，児童の正しいインプットの蓄積へとつながると考えられます。

表 2.1　5 年生に向けた語り

指導者の発話	Teacher Talk の工夫
(1) Yesterday was Sunday. So on Saturday or Sunday, what did you do? (2) What did you do on Saturday or Sunday? (3) So I, Ms. Nishihara, went to a book shop. I went to a book shop. (4) I enjoyed shopping (5) at a book store. (6) How about you? What did you do? What did you do? (7) Please raise your hands. I played sports. I played sports. (8) Baseball, soccer, dodgeball.... OK, hands down. I went to (9) juku (塾).	(1) 流れの作り方:「昨日は日曜日」を確認することで週末に児童の意識を向けた上で，質問に移っている。 (2) 繰り返し: 大事な質問を繰り返している。 (3) モデル: 児童が答えるより前に自分のことを先に述べ，答えのモデルを示している。 (4) 言い換え:「本屋に行った」を「本屋での買い物を楽しんだ」の表現に言い換えている。 (5) 言い換え: shop と store の 2 種類を使い，いずれかが児童の理解につながることを期待している。 (6) 身振り: 児童に向けて手を出すジェスチャーを示しながら，「では，みんなは ?」と問うている。 (7) 問い方の修正とレベル調整: 児童からうまく答えが出なかったため，質問の仕方を変え，YES / NO で答えられる問いに変更している。また，Who played sports? や Anybody played sports? は未習のため，児童が発話したことがある表現 (肯定文) を用いて問うている。 (8) 具体例: スポーツの具体例をあげている。 (9) 母語の使用: 説明が難しい語については必要最小限の範囲で母語を活用している。

表 2.2　1 年生に向けた語り

指導者の発話	Teacher Talk の工夫
(1) Do you remember じゃんけん English? (答えを待たずに) Rock, scissors, paper, 1,2,3! OK? We do じゃんけん ten times. OK? (2) Ten times. (児童:「何人とやるの ?」) (3) With Ms. Nishihara. OK? (4) Pencil, please. (5) Please write your name. Please write your name on the sheet. OK, now, we ... (6) Face up. Pencil down. Pencil down. (児童「どうゆうこと ?」) (7) This is a pencil. Down. Now we do じゃんけん with Ms. Nishihara. (8) If you win, win, please draw a circle. This is a circle. (児童「勝ったらマル ?」) (9) That's right. Draw a circle.	(1) Do you remember? と問うたものの，1 年生は答えることが難しいため，児童の答えを待つことなくじゃんけんを行った。それにより児童が覚えているかどうかを口頭のやり取りではなく確認している。 (2) 繰り返し: 大事な情報を繰り返している。 (3) 身振り: 自分の胸に手をやることで，じゃんけんの相手が先生であることを伝えている。 (4) 身振り: 前列の児童の鉛筆を手に取り，クラスに見せながら指示を出している。 (5) 身振り: プリントの名前記入箇所を指しながら繰り返し指示を出している。 (6) 身振り: 顔を上げるよう手を上に向けて揺らし，前列の児童の鉛筆を借りて，机に置くジェスチャーとともに指示を出している。 (7) 身振り: 個別対応で，手に持った鉛筆を置くジェスチャーを見せている。 (8) 身振り，視覚資料: 左右の手でじゃんけんをして「勝ち」を表現し，黒板に丸を描いている。 (9) 賞賛: 児童の問いをほめることにより，丸を描くということを改めて伝えている。

2 節 | ティーム・ティーチングの進め方

　一人で授業を行う場合には，1節で述べたような Teacher Talk の工夫を講じた語りを行っていくことになりますが，ティーム・ティーチングで指導にあたる場合には，ALT の発話にも注意を向ける必要があります。ALT は英語に堪能です。しかし必ずしも児童のレベルに合わせた Teacher Talk ができるとは限りません。「ゆっくり話して欲しい」といった指示を出したり，"What is ○○ ?" と児童を代表して問うて，さらなる説明を求めたり，"Oh, John sensei likes singing." (ジェスチャー付きで) と ALT のセリフを分かりやすく繰り返したりするなど，児童と ALT の橋渡しをすることも求められます。この橋渡しをする際に大事になるのは，どのような語りなら児童が分かるだろうかという視点なので，まずは指導者自身が児童に伝わる語り方を身につけることがティーム・ティーチングを主導する上でも役立ちます。

（松宮奈賀子）

3章
4技能5領域の指導とその進め方

本章は4技能5領域の指導に焦点を当てます。1節では外国語教授法や第二言語習得理論に触れ，言語活動を通した英語力の育成について説明します。2節では「聞くこと」と「話すこと」の指導目標，背景理論，指導のポイントを紹介します。3節のテーマは読み書き能力の指導です。どの言語でも話し言葉は自然に獲得できますが，書き言葉を習得するには意識的な学習と適切な指導が必要であると言われています。新たに始まる高学年に対する読み書き指導を念頭に置き，指導目標を確認し，初期段階で身につけるべき読み書き能力について考察します。4節では複数の技能を統合的に活用することの指導を取り上げます。

1節｜言語活動とは——言語活動と言語材料を理解したり練習したりする指導

　小学校学習指導要領では，「言語活動」を通してコミュニケーションを図る素地や基礎となる資質・能力を育成することとされ，「言語活動」とは「実際に英語を用いて互いの考えや気持ちを伝え合う活動」と定義されています。ある人が情報を送り，別の人がその情報を受け取り，やり取りする行為のことをコミュニケーションと呼びますので，言語活動とはコミュニケーションそのものと言えます。また，言語活動は，言語材料を理解したり練習したりする指導とは異なるとされています。言語活動が授業の中核となっているのか，言語材料の理解や練習のための指導は必要に応じて行われているのかという観点で授業を見直すことが重要です。

　外国語教授法や第二言語習得の理論では，言語活動や練習はどのように考えられているのでしょうか。言語活動を通して外国語運用能力を高めるという考えは，外国語教授法では新しいものではありません。1970年代から広まったコミュニケーション重視の外国語教育のなかでは，Learn to Communicate（学んでからコミュニケーションする）ではなく，Communicate to Learn（学ぶためにコミュニケーションする）が望ましいと主張されました（Richards & Rodgers, 2014）。この考えはタスクに基づく外国語教育などにも引き継がれています。

　コミュニケーションを行いながら学習者はどのようにして外国語を身につけていくのでしょうか。主として2つの考えを紹介します。第一に，「気づき」を通して習得するという考えです。第二言語習得のためには，言語形式だけに焦点を当てた指導や意味内容だけ

に重点を置いた指導ではなく，意味を重視したコミュニケーションのなかで，時折言語形式に注意が向けられるような指導（Focus on Form）が有効であると言われています（Long & Robinson, 1998）。第 1 部実践編の西原美幸先生の授業を例にとりましょう（⇒第 1 部 2 章 2 節）。週末に行ったことに関してコミュニケーションしているなかで，授業者が "Do you know firefly?" と問いかけたことをきっかけに，児童の注意が firefly という単語に向けられています。やり取りのなかで firefly という語を繰り返し耳にして，単語の意味を理解していきます。そして，元の話題（週末に蛍を見に行ったこと）に戻っています。

Ss: What did you do?

S1: I went to firefly.

T:　"Firefly?" Okay. Do you know "firefly?"（クラス全体に質問）What's "firefly?" We can see a firefly at night.

S2: 花火？

T:　No, that's fireworks. No, no. Insects. Firefly.

S3: ほたる。

T:　Yes, that's right. How was it?（S1 に対して）

S1: It was fun.

このような Focus on Form を通して，気づいた言語項目（この例では firefly という語とその意味）や文法規則は学習者の知識として取り入れられたり，知識の再構築を促したりします。こうして学習者は知識を獲得していきます。

　気づきには，インプットのなかでの形式の気づき（noticing a form in the input），穴の気づき（noticing a hole），ギャップの気づき（noticing the gap）という 3 種類があります（Swain, 1998）。本書の第 1 部で紹介している実践事例がすぐれている点として，英語による教師の語りかけや児童とのやり取りのなかで，これらの気づきが促進されていることがあげられます。次ページの表 3.1 は，気づきの種類，気づきの説明，気づきが生じている事例を示しています。

　第二に，「自動化」を通して知識を活用する技能が習熟するという考えです。ある語句や表現を別の場面で用いることによって，徐々に効率的に言語処理を行い，運用できるようになります。例えば，同じ内容について相手を変えてやり取りをさせたり発表させたりします。第 1 部 1 章 2 節の実践では，授業や単元のなかで相手を変えて発表する機会を設けています。実践授業のなかではリハーサルとして 3 つの班に対して発表するよう工夫しています。単元のうち，第 4 時・第 5 時では平和に関して自分ができることを児童同士で伝

表 3.1　3 種類の気づき (Swain, 1998 に基づく)

気づきの種類	気づきの定義	気づきが生じている事例
形式の気づき	聞いたり読んだりしながら，英語の音声，語彙，表現，構造，使われ方などに気づくこと	J: My treasure is my friend. He is always by my side. Ss: By my side? J: Yes. Tsutomu sensei always supports me. Help me. Ss: あぁー。 * by my side という語句に児童たちが気づき，その意味を理解している様子が分かります。
穴の気づき	学習しようとしている言語の語句や規則の知識が欠けていることに気づくこと	S2: My treasure is ... my glass(es) . S3: Really? Why? S2: Because, ... uh ... blackboard no see. S3: O.K. O.K. I see. * Small Talk で S2 は「メガネがないと黒板の文字が見えない」と言いたかったようですが言えずに，uh とだけ言って考えています。この時「穴の気づき」が生じています。
ギャップの気づき	自分の言語使用が目標言語と異なっており，誤っていることに気づくこと	T: One more hint, please. Ss: Four legs. T: You have four legs. * 授業者が You have four legs. とさりげなく長い表現に修正すること (リキャスト) によって，Four legs. では不十分であるという気づきが促進されています。

*事例は，本書第 1 部の山中隆行先生 (1 章 3 節) と西原美幸先生 (2 章 2 節) の実践からの引用です。

え合い，第 8 時ではそれを下級生に伝える言語活動を設定しています。

　自動化のために「練習」が大切ですが，実際に英語を使ってみる実践的な練習であることに留意する必要があります。語句や表現の丸暗記や，機械的に行う文型練習とならないことが重要です (⇒第 2 部 4 章 2 節 4)。

2 節｜「聞くこと」と「話すこと [やり取り・発表]」の目標と指導

▶1.「聞くこと」の目標と背景的理論，指導のポイント

　小学校学習指導要領では，ゆっくりはっきりと話される英語を聞いて，自分のことや身近な事柄，日常生活に関する具体的な情報を聞き取ったり，イラストなどを参考にして話の概要をとらえたりすることができるように指導することが目標とされています。また，外国語活動においては，文字の読み方が発音されるのを聞いた際に，どの文字であるかが分かるようにすることも目標に含まれています。

　Buck (2001) によれば，聞くことのプロセスは，(a) 語を理解する段階，(b) 文の意味を

理解する段階，(c) 文と文のつながりを理解する段階，(d) 既有の知識を活用する段階に分けられます。I eat rice for breakfast. という英語を聞いたとします。語を認識する段階では，つながった音声（[aiːtraisfəbrekfəst]）を知覚して，語（[ai], [iːt], [rais], [fə], [brekfəst]）を認識し，記憶にアクセスして，語の意味を取り出します。単語の意味をつなぎ合わせて，意味のまとまり（I eat rice.「私はご飯を食べる」，for breakfast「朝食に」）を理解し，1 つの文の意味（「私は朝食にご飯を食べる」）を理解する段階が続きます。次は，文と文の言語的なつながり（接続表現の使用，関連する語彙の使用など）や意味的な一貫性を理解する段階です。この段階では，例えば，この発話の後に，I like rice very much. という発話が続いた時に，2 つの発話を関連づけて，ご飯が好きだから朝食にご飯を食べるということを理解します。最後に，聞いた内容をすでに持っている知識と関連づけて理解したり，推測したりする段階があります。この段階では，この発話がカナダ出身の ALT によるものだとした場合，以前日本食が好きだと ALT が言っていたことと関連づけて理解したり，夕食も日本食が多いかもしれないと推測したりします。「聞くこと」の指導では，このプロセスに必要な知識や技能を学ばせます。

① ボトムアップ的な指導 (1)──インプットのなかでの形式の気づき

教師や ALT 等による語りかけや，教科書に掲載されている「聞くこと」の活動など，メッセージ把握に焦点を置いて英語をたくさん聞かせるなかで，語を理解する段階を指導します。

第一のポイントはインプットのなかでの形式の気づきを促進することです（⇒本章 1 節）。気づきを促すために，繰り返したり，ゆっくりはっきりと話したりして，頻度と顕著さを高めることができます。第二のポイントは，語句や表現を塊として与えるだけでなく，分節化して与えることにより，気づきを高めることです。例えば，I like yellow. という英語を聞いた時，児童には [ailaikjelou] という塊に聞こえています。分節化とは，その一部を取り出したり，別の表現と組み合わせたりして用いることです。Look. / This is yellow. / Yellow. / I like yellow. という英語を続けて聞けば，[jelou] という音が，意味を持つ単位としてとらえやすくなります。第三のポイントは，気づきによって語句や表現の音声や意味を理解した後は，まとまりのある英語のなかで聞き取る活動を行い，自動化を促進することです。例えば，1～12 月の言い方やスポーツの名称などの語句の指導を行った後は，これらの語を表現のなかで用いて聞かせ，語の聞き取りを経験させます。

② ボトムアップ的な指導 (2)──正しい音声の知識の指導

　正しい音声の知識を持っていないと，英語の音声を聞いても，記憶にある語と照らし合わせることができず，結果として語の意味を理解できないことが生じます。「聞こえ方」に注目させ，英語の音声の特徴をとらえさせることが重要です。ALT の英語を聞いた後，グループで「何を言っているんだろう」と話し合っている様子を見たことがあります。「[eit] って何？」と言っていましたが，ようやく「エイトのことか」と理解していました。「エイト」と記憶してしまうと，[eit] という発音を聞いても，語の正しい理解につながらないという事例でした。

　英語では音変化も頻繁に生じます。ゆっくりはっきりと話される英語と自然な速さの英語の違いに気づかせながら，脱落 (I like cakes. / I want to go to Italy.)，連結 (I have a bike.)，変化 (Nice to meet you. / Thank you.) などを聞き取る経験が重要です。

③ トップダウン的な指導 (1)──意味と音声のマッピング

　聞くことを通して，児童は英語の語句や表現に気づき，その音声や意味，使われ方を学んでいきます。そのなかで最も基本的な認知過程は，意味と英語の音声を一致させることです。その際，「意味 → 音声」という方向と，「音声 → 意味」という方向があることに留意する必要があります。「意味 → 音声」の方向では，伝えたい内容をはじめに児童に提示してから，英語の音声に触れさせるようにします。例えば，スポーツのイラストを見せると，児童は「水泳だ」や「野球だ」というように意味を理解できます。その上で教師が swimming や baseball という英語の音声を聞かせます。それぞれのスポーツの名称を，英語ではどのように言うのかということを理解できます。逆に，「音声 → 意味」の方向では，意味の分からない英語の音声を聞いた後で，教師がジェスチャーやイラストを見せたり，すでに知っている簡単な英語を使ったりしてその意味を説明するようにします。非言語情報を用いたり，具体例をあげたり，別の言い方で表現したりすることで，理解しやすくすることができます(⇒第2部2章)。

④ トップダウン的な指導 (2)──聞く前に予測すること

　話される英語を既有の知識を用いて予測してから英語を聞く指導も有効です。「聞くこと」の言語活動の前に事前リスニング活動を設定します。事前リスニング活動の目的は，話される内容に関する既有の知識の活性化と，聞く目的の設定や意欲の向上です。例えば，アメリカの小学校の夏休みについて語る英語を聞く場合には，(a) 日本の夏休みについて英語でやり取りする (用いられる語句や表現を活性化する)，(b) アメリカの夏休みについて予想

させる（話される内容に関する既有知識を活性化する），(c) 本当はどうだろうかと問いかける（聞く目的を持たせる）といった手順で事前リスニング活動を行います。

　小学校学習指導要領改訂により，「知識及び技能」の指導だけでなく，目的や場面，状況等に応じて聞くという「思考力，判断力，表現力等」の指導も重要になりました。その意味で，目的を意識しながら聞いたり，話される内容を推測して聞いたり，聞き取ったことを自分の既有の知識と関連づけながら聞くことの指導は，ますます求められるでしょう。

▶2.　「話すこと［やり取り］」の目標と背景的理論，指導のポイント

　小学校学習指導要領の改訂により，「話すこと」が［やり取り］と［発表］に分けられました。「話すこと［発表］」に比べて，「話すこと［やり取り］」は即興性と応答性が求められる技能です。相手の意図をくみ取り，その場で適切に行動や英語で応じることが求められます。小学校学習指導要領における「話すこと［やり取り］」の目標も，「指示や依頼をしたり，それらに応じたりすることができるようにする」ことと，「日常生活に関する身近で簡単な事柄や自分や相手のことなどに関する事柄について，簡単な語句や基本的な表現を用いてその場で質問をしたり質問に答えたりして，伝え合うことができるようにする」こととされています。

　話すことのプロセスは，大きく (a) メッセージを考える（概念化），(b) 語句を検索し，文法的に配列する（形式化），(c) 音声で伝える（調音化）という段階に分けられます (Levelt, 1989)。例えば，概念化の段階では「自分の宝物は友だちであることを伝えよう」と伝える内容を計画します。「宝物は treasure」，「友だちは friend」というように主たる語句を知識のなかから探り出したあと，文法的に適切となるように My treasure is my friend. と配列します。最後の調音化の段階では，相手に向かって発音することになります。特に，「話すこと［やり取り］」は，時間的制約のなかで，何を言うか，どのように言うかということを考えなくてはなりません。したがって，「話すこと」の指導の際には，概念化，形式化，調音化というプロセスを同時に経験させることが重要です。

　また，「話すこと［やり取り］」については，受信者の誤解や無理解を前提にして指導することが必要です。発話者の言語力，受信者の言語力，文化的背景，状況における非言語的情報（例：ジェスチャー，身体の位置），物理的なノイズ（例：騒音）や心理的なノイズ（例：不安な状態）などによって，伝えたいことが伝わらなかったり，伝えるつもりでないことが伝わってしまったりすることがあります。このように考えると，分かりやすく伝えるように工夫したり，相手の言ったことを繰り返して確認したり，明確にするよう求めたりしながら，誤解や無理解をできるだけ解消しようとする相互の姿勢が重要になります。

　「話すこと［やり取り］」の指導として Small Talk に焦点を当てて，指導のポイントを紹介します。文部科学省 (2017c) によれば，「既習表現を繰り返し使用できるようにしてその定着を図ること」と「対話の続け方を指導すること」という目的があります (p. 84)。Small Talk の指導手順には，① 教師による語りかけや児童とのやり取り，② 児童同士のやり取り，③ 共有，④ 児童同士のやり取りという 4 つのステップがあります。必要に応じて，各ステップを組み合わせましょう。例えば，武部八重子先生の実践事例 (⇒第 1 部 1 章 1 節) では ①〜③ のステップを活用しているのに対して，西原美幸先生の実践事例 (⇒第 1 部 2 章 2 節) では ② と ③ のステップを活用していますし，山中隆行先生の実践事例 (⇒第 1 部 1 章 3 節) は ② のみです。

①「教師による語りかけや児童とのやり取り」における指導

　「話すこと［やり取り］」のトピックを導入することが主たる目的です。この段階は，児童にとって「聞くこと」の言語活動として位置づけられ，「聞くこと」の自動化の機会となります。そのため，できるだけ既習の表現を使うことが望ましいと考えられます。その際，最近扱った言語材料だけでなく，今まで学習した言語材料を総動員で活用して話すことが重要です。意味重視で，教師が自分自身のことを紹介するようにします。未習の語句や表現を含む場合には，非言語情報を活用したり，言い換えたり，例示したりして児童が意味を推測できるようにすることが重要です (⇒第 2 部 2 章)。

　教師と児童がやり取りをする場合は，繰り返して確認したり，質問したり，もう一度話すように求めたりなどして，意味の交渉 (negotiation for meaning) を行うようにします。児童は伝えられた実感を持てるだけでなく，教師の否定的なフィードバック（誤りの訂正フィードバック）により自分の英語が間違いであることや適切な言い方を学んでいきます。

②「児童同士のやり取り」における指導

　次に，児童同士でやり取りをさせます。活動時間を短くして，より多くの人と話すように指示したり，反対に時間を長くして，やり取りを継続するように活動を設定したりできます。この指導における教師の役割は 2 つです。第一に，ペアに加わり一緒にやり取りする「コミュニケーター」としての役割です。その際には ① でも述べたように，意味の交渉を意識するようにします。第二は「観察者」としての役割です。児童がどのような「知識及び技能」を活用しているのか，また「思考力，判断力，表現力等」の点からどのような工夫をしているのかを把握し，次の「共有」の場面で活かしたり，授業に活かしたりします。

③「共有」における指導

　次は，ペアで話した内容を「共有」する段階です。ペアで話していた内容を教師やALT等がクラス全体に紹介したり，児童を1人指名して教師や他の児童とやり取りしたりします。このなかで，②の段階で児童が英語で言えなかった表現を英語にしてあげたり，対話の継続の仕方（質問，反応，確認の仕方）などを示してあげたりします。

　②でやり取りをしたペアを前に出してやり取りさせることもできます。その際には，考えや気持ちを伝え合う言語活動にすることを意識して，ペアに違うことを話してもよいと指示したり，教師やALT等がペアの内容について反応したりするとよいでしょう。

　共有の段階を中間評価として位置づけることも可能です（文部科学省，2017b, p. 85）。言いたかったけれども言えなかった表現を尋ね，クラス全体でどのように表現すればよいかを考えさせます。その際，既習の語句や表現を使っても言えない内容であるならば，教師やALT等がインプットとして示してあげたほうが効果的です。

④ 2度目の「児童同士のやり取り」における指導

　最後に，別のペアでやり取りを行わせます。指導の際のポイントは，②の段階のやり取りと比べて，児童が力の高まりを自覚できるようにすることです。③の共有で扱った語句や表現を使っている姿や，②の時よりも流暢に話している姿などをとらえて，評価の言葉をかけてあげるとよいでしょう。

▶3.　「話すこと［発表］」の目標と背景的理論，指導のポイント

　小学校学習指導要領では，「話すこと［発表］」の目標に関して，「日常生活に関する身近で簡単な事柄について，簡単な語句や基本的な表現を用いて」，「伝えようとする内容を整理した上で」話すことができるようにすることとされています。つまり，コミュニケーションを行う目的や場面，状況等に応じて，情報を整理して話す内容を形成し，話すことができる力の育成が求められています。「話すこと［発表］」というと，原稿を作成し，暗記して発表することを思い浮かべる人がいるかもしれません。しかし，中学校学習指導要領の「話すこと［発表］」の目標の1つに「関心のある事柄について，簡単な語句や文を用いて即興で話すことができるようにする」と書かれていることを考えると，暗記のための原稿を用意するのではなく，メモ程度の準備に留めたほうが望ましいでしょう。

①「話すこと［発表］」の指導のポイント（1）――目的や場面，状況の明確化

　「話すこと［発表］」の言語活動を構想する際に，コミュニケーションを行う目的や場面，

状況を明確にすることが重要です(⇒第1部1章2節)。目的や場面，状況によって，どのような内容を伝えたらよいか，どのような順番で伝えたらよいのか，どのような工夫をして伝えるべきなのかが変わってくるからです。例えば，友だちに自分のことをもっと知ってもらうために自己紹介する場合には，友だちが知らないことを選んで伝える必要があります。聞き手が友だちの場合には，身近な生活の固有名詞などを説明する必要はありませんが，聞き手によっては，説明を加えたり，イラストや写真などを見せたりする必要があります。

② 「話すこと [発表]」の指導のポイント (2)——繰り返し話す機会の設定

同じ内容を相手を変えて話すことで自動化が促進されます。その際，「発表の練習を友だちとしよう」ではなく，「最終的には ALT に伝えるけど，みんながどんなことを発表するのか友だちも知りたいと思っているよ。今日は，ペアで伝え合おう」というように，練習ではなく言語活動として話す機会を設定するようにしましょう。

3節｜認知的な発達段階に応じた「読むこと」「書くこと」の指導

▶1. 小学校学習指導要領にみられる目標設定

小学校学習指導要領に書かれている「読むこと」と「書くこと」の目標は次のようなものです。

① 読むことの目標

　ア　活字体で書かれた文字を識別し，その読み方を発音することができるようにする。

　イ　音声で十分に慣れ親しんだ簡単な語句や基本的な表現の意味が分かるようにする。

② 書くことの目標

　ア　大文字，小文字を活字体で書くことができるようにする。また，語順を意識しながら音声で十分に慣れ親しんだ簡単な語句や基本的な表現を書き写すことができるようにする。

　イ　自分のことや身近で簡単な事柄について，例文を参考に，音声で十分に慣れ親しんだ簡単な語句や基本的な表現を用いて書くことができるようにする。

これらの目標から，小学校を卒業するまでにアルファベットの文字の形，その名前，そしてその音を学習するボトムアップ的な指導と，音声で慣れ親しんだ語句や表現を読んだり，書いたりするようなトップダウン的な指導が必要であることが分かります。

▶2.　ボトムアップ的な指導 ①——文字とその名称についての指導

　アルファベットの指導について述べる前に，少しだけアルファベットについて考えてみましょう。アルファベットの原型は紀元前 1500 年ごろにできたと言われています。最初は 23 個の大文字のみで，小文字ができたのは 8 世紀であるとされています。アルファベットという言葉はギリシャ語の初めの 2 文字，アルファー（α）とベータ（β）に由来しています（羽鳥，2000）。

　学習目標は下記のように，アルファベットの文字を字形として認識し，さらにその名前を理解，発音できることが「読む」目標であり，それらを書くことが「書く」目標です。

　（1）「エイ，ビー，シー」と聞いて ABC（abc）の文字であることが理解できる。

　（2）ABC（abc）を見て「エイ，ビー，シー」と言うことができる。

　（3）ABC（abc）を見て，4 線上に正しく書き写すことができる。

　（4）「エイ，ビー，シー」と聞いて ABC（abc）と書くことができる。

　この段階での指導で大切なことは，字形とその名前を一致させることで，英語の音として文字の名前を理解し，言うことができるように指導することです。英語圏の研究から，文字の名前がよく理解できている子どもは，文字の音についても理解が早いと言われています（Adams, 1990）。音を介さない単純な写字活動ではなく，文字の名前を聞いて書けるように指導することに時間をかけるべきでしょう。

　また，大文字に比べて，小文字を獲得するのに苦労している児童をよく目にします。小文字は大文字に比べ，認識するのが難しく，また文字の高さにも気をつけなければいけません。4 線上に小文字を正しく書くためには，じっくり指導する必要があります。

▶3.　ボトムアップ的な指導 ②——音韻認識能力と音素認識能力

　次に述べる「文字と音の関係」を学習する前に，まず英語での「音」について理解することが大切です。単語のなかの音に気づく力は音韻認識能力と呼ばれ，英語圏の研究者たちは，"the ability to reflect explicitly on the sound structure of spoken words"（話し言葉の音の構造について明示的に考える能力）（Hatcher, Hulme, & Ellis, 1994, p. 41）と定義しています。また音素認識能力は，音韻認識能力と区別して考えられ，"the ability to manipulate phoneme-size units in speech, especially the skill of segmenting and blending phonemes"（話し言葉を音素レベルで操作できる，特に音素での分節や音素の混合ができる力）（Ehri, 2006, p. 650）と定義されています。

　英語圏では，音韻・音素認識能力がリーディング能力の優れた予測変数であることが多くの研究から報告されています（National Reading Panel, 2000 など）。つまり，pen という言葉

は /p//e//n/ という 3 つの音（素）から成り立ち，最初の音は /p/ でライムは /en/ であるなどということが分かる力を持っている学習者は，後に高いリーディング能力を獲得するわけです。

　日本語はモーラ[1]という音節に近い音の単位が基本です。そしてそれに仮名文字が対応しています。そのため，読み書きにおいて日本語では音素レベルで音の働きを理解する力は必要ないのです。一方，英語では多くの場合 1 つの音素に 1 つの文字が対応しているので，その力が必要となります。

▶4.　ボトムアップ的な指導 ③——文字とその音についての指導

　小学校学習指導要領の目標には明確に表示されていませんが，外国語科では「文字が持っている音」も指導することになりました（文部科学省，2017c）。文字とその音の関係は，alphabetic principle と呼ばれますが，こうした文字と音の関係を教える教授法をフォニックスといいます。フォニックスにはさまざまな種類がありますが，代表的なものがアナリティック・フォニックスとシンセティック・フォニックスです。名前が示すようにアナリティック・フォニックスでは単語を分解してそれぞれの音素やそれに対応する文字を学習します。一方，シンセティック・フォニックスでは最初に文字と音素の関係を学び，それらを合わせ，単語を読むことができるように指導します。このため，前者を暗示的フォニックス，そして後者を明示的フォニックスと呼ぶこともあります。

　「読む」「書く」，どちらの技能にも，文字と音の関係を理解した上で読んで，書くということが初期指導の非常に大切なポイントです。Garton and Pratt (1998) は，この重要性について「文字が音に対応していることを知り，それを学ぶことこそが読み書き学習の核心である」(p. 173) と強調しています。音と文字の基本的なルールを覚え，その関係を知ることで，その後の英語学習を効果的に進めることができます。しかしフォニックスで効果的に指導するためには，導入する前に，学習者が次のような力を獲得していることが必要です。

　(1) 学習者が十分なアルファベット（大文字・小文字）の字形とその名前に関する知識を持っていること。

　(2) 学習者が英語の音韻・音素認識能力を十分に持っていること。

　アメリカではフォニックスは，体系的また継続的に実施されるほうが効果的であることが実証されています（National Reading Panel, 2000）。それを可能にするカリキュラムを開発し，小学校ではどこまでを教えるのかを十分吟味し，中学校と連携して取り組んでいく必要が

1　モーラとは，一子音音素（例: /k/）と一短母音音素（例: /a/）とを合わせたものと等しい長さの音素結合（例: Ka）。拍。（新村，2008）

あります (アレン玉井，2018, 2019)。

▶5.　トップダウン的な指導——音声言語を育てる

　英語圏の研究者たちは，音声言語はリーディング能力の基礎的な力であると考えています (Shanahan & Lonigan, 2012)。つまり読む力を伸ばすためには音声言語を伸ばす必要があり，「子どもたちが十分な音声言語を持っていたら，多くのリーディングに関する問題は解決したであろう」と，音声言語を発達させることの重要性を説いています (Snow, Burns, & Griffin, 1998)。第二言語習得では，音声言語が未熟な段階から読み書き指導を始めるので，読み書きの指導を始める前，そして始めた後も引き続き，読み書き能力の土台となる音声言語を発達させることが重要です。

　小学校学習指導要領でも「音声で十分に慣れ親しんだ簡単な語句や基本的な表現」を読んだり，書いたりすることが目標となっており，ワークシートなどを使用し，音声で理解できた語句や表現を読んだり，書いたりします。例えば十分に音声練習を行った後，I like まで書かれている文章に dogs と書いて，自分の好きな動物を紹介したり，I went to に続けて the river などを書き込み，自分の夏休みの体験を表現したりする活動を行います。

　音声言語を獲得するには，「ことばはそれが使用される文脈に埋め込まれ，生活経験と結びついてはじめて生きたことばとして使いこなせる」(内田，1999, p. 64) と言われているように，文脈のなかで意味のあるやり取りをすることが大切です。つまり小学校学習指導要領で強調されている「言語活動」を通して，言語能力を育てることが重要です。児童は意味のある言葉のやり取りを聞き，初めて言葉の意味を理解し，自分でも言葉を発することができるようになります。そのような言語を育てる活動として，うた・チャンツ，またはストーリーテリングや絵本の読み聞かせ，そして Small Talk などが効果的です。

4節│領域統合の指導

　小学校中学年から外国語活動が導入され，高学年では発達段階に合わせて段階的に「読むこと」「書くこと」を加えて総合的・系統的に外国語教育を推進することが求められています。本節では「聞くこと」「話すこと」を中心に「読むこと」「書くこと」を統合的に指導する方法について考察します。

▶1. 「聞くこと」と「話すこと」を統合した活動──Small Talk

　コミュニケーション活動として「聞くこと」と「話すこと」を考えると，この 2 つの技能は別のものではないことに気づきます。つまり，話し手は次の瞬間に聞き手に変わり，反対に聞き手は話し手になります。このように話し手と聞き手がその役割を自由に交換しながらメッセージのやり取りを行い，二人の協働作業を通して意味が作られていきます。

　本章 2 節で紹介した Small Talk は「やり取り」をしながら聞く力と話す力を伸ばす活動ですが，身近な話題について児童が自分自身の考えや気持ちを伝え合えるように指導します。また対話を継続できるように，Me, too. や How about you? など，必要な表現を段階的に導入します。しかし，自然に発話できるようにするためには時間がかかります。

　6 年生の最後にそれまでに学んだ「やり取り」の表現を，実際の状況を設定しながら復習している授業を参観したことがあります。例えば，Do you like（動物の名前）？　What's your favorite animal? という表現を復習し，「友だちと動物園に来たけれど，20 分しか時間がありません。どの動物を見るのかペアで考えましょう」と，教師は課題を与え，なるべく長く会話を続けるようにと条件を出していました。最初，児童は戸惑いを見せましたが，徐々にペアで工夫しながら，モデル文を参考に自分たちの会話を考え，発表していました。ある程度文字と音の関係を理解していた児童は，ワークシートに書かれていたヒントの文を効果的に利用していました。

▶2. 「聞くこと」と「書くこと」を統合した活動

　We Can! には Let's Listen や Let's Watch and Think など多くの聞く活動が用意されていました。多くの場合は聞いた内容に合わせて，線を結んだり，日本語で内容を書き込んだりするものでした。この形態は検定済教科書にも踏襲されています。

　この聞く活動を，文字を書く活動として利用している授業を見たことがあります。例えば *We Can! 2*, Unit 1 の This is ME. では，4 名の外国の児童が自己紹介をします。教師は右下のようなワークシートを用意し，日本語で簡単なメモをするように指示しました。何度か音声を流した後，簡単な英語で質問（例: What's his name?）をして，答えを確認しました。その後，ワークシートの日本語のメモの横に，以下のように文字を書かせました。

　① Name: 上に書いてある名前を書き写させる。
　② Nationality: 指導者が言うアルファベット（スペル）を書かせる。

（例：E-G-Y-P-T, E-g-y-p-t）

③ Language: 指導者が言うアルファベット（スペル）を書かせる。

（例：A-R-A-B-I-C, a-r-a-b-i-c）

▶3.　4 技能を統合的に指導する活動

We Can! の Activity には，英語で書いたものを参考に話す活動がありました。例えば *We Can! 1* の Unit 6 にある Activity では，児童はペアになり，自分の考えた「おすすめの国」をその理由とともに紹介し合います。You can see ____. You can eat / drink ____. You can buy ____. などの表現を使いますが，最終的にはペアで共有し，2 人で 2 か国の観光案内ができるようにするのが目標です。児童は，適切な単語を書き込み，文を完成させ（書く活動），読む練習をし（読む活動），それを相手に伝えます。自分のおすすめの国を伝える時は話す活動となり，相手のおすすめの国について聞く時は聞く活動になります。このようにして 4 つの技能を高める活動ができます。

6 学年用教材の *We Can! 2* の Unit 5 の活動では，児童は毎回 1 文ずつ適切な単語を書き込み（書く活動），下記のように夏休みの体験を英語で表現しました。それらを清書（書く活動）したのちに，音読します（読む活動）。次に周りの人と清書文を交換し，相手の文を音読します（読む活動）。相手はそれを聞き（聞く活動），必要であれば読み方を教えます（話す活動）。これは，お互いに教え合うことができた協働活動でした。

（例）I went to (the sea).　I enjoyed (swimming).
　　　I ate (fresh fish).　It was (fun).

小学校外国語科でも外国語を学ぶだけで終わらせず，外国語を使う力を育てようとしています。音声教育に主軸を置きながらも，「読むこと」「書くこと」を加え 4 技能を統合的に指導することで，児童の英語に対する興味・関心をさらに深めることができるでしょう。

（酒井英樹，アレン玉井光江）

4章
授業づくりの視点と指導案の書き方

本章においては，「これまでの取り組みの現状と実例」，「授業づくりのポイント」，「指導案のポイント」という 3 つの内容について，具体的な事例も含めながら，今後の「授業づくり」に欠かせないエッセンスをまとめています。教師の「指導観」を振り返り，日々の教材研究・実践に活かし，授業づくりをより一層充実・発展させるための一助になることを願います。

1 節｜公立小学校現場の「授業づくり」の現状
——小学校学習指導要領の先行実施 2 年間と各自治体の取り組み

　小学校学習指導要領の移行期間 (2018, 2019 年) 中には，公立小学校において *Let's Try! 1, 2, We Can! 1, 2* とデジタル教材を駆使し，ICT 機器を積極的に活用し，アルファベットの音への慣れ親しみから，児童が一息で言える程度の文の「読み・書き」まで扱う動きがみられたなど，大きな変化が生まれました。また，各地域の教育行政機関において，年間を通じた研修制度の確立，時間数確保のための取り組み，人事的・予算的な配慮，専科教員等の配置をするなど現場をバックアップする動きが生まれた 2 年間でした。

　その反面，授業を成立させることにのみ終始して，6 年生の最後の出口の姿を見据えた単元構成となっていないケースもあるようです。一単位時間で扱う言語材料の具体化，活動意図の明確化，授業内での児童の学びの見届け，といった授業設計上の思考のプロセスが，英語の授業になると途端に機能しなくなる状況が生じているのではないか，と危惧する場面に出会うことがありました。教師は，めざすべき英語力を明確にイメージしながら，子どもの言葉の学びに寄り添い，どうすれば子どもが自分の身体を使って考え，実感し，理解できるか，その学びの営みを創り出すことが必要です (天満, 1982)。子どもの気持ちをつかみ，興味・関心を高め，子どもの発言に対して臨機応変に対応しながら授業展開をする，そして，理解度を確かめ，授業内容を修正しながら，よりよい学びを創意工夫していく，といった，他教科では当然教師が取り組んでいる試みを，英語の時間でも実現させたいものです。

　このような状況のなかで，全国の自治体ではさまざまな動きが生まれてきました。例え

ば，岐阜県高山市では，子どもたちの英語力育成のための取り組みが実践されています。教育委員会と高等教育機関が連携し，授業づくりのための連携協力校を設定し，年間を通じた定期的な小学校英語研修会の実施，大学教員による授業訪問・授業実演・校内研修・勉強会の実施，定期的な教員向けの小学校英語通信の配布による研修等での学びの共有，合計 34 の質問により構成されている小学生対象の意識調査 “できる度 Check”（久埜・相田・入江，2011〜2013）の実施・分析・評価に加え，英検 Jr. 学校版 Bronze 級／ Silver 級の実施・分析による英語力の評価等を行ってきました。

　現場に密着した取り組みを大学などの教育機関と連携を図りながら継続的に実施することにより，教職員の英語の授業に対する意識改革が進み，その結果，児童と英語でのやり取りを楽しみながら授業展開をする教師や ALT が徐々に増えています。

　これまで現場の教師は，指導書をもとに教材研究をし，研修会，研究会等での学びを授業改善につなげる自助努力に任されてきたところが多々ありました。しかし多様な知識・理解，指導技術等が求められている状況であるからこそ，この事例のように，教育委員会や小学校は，これまで以上に大学などの他機関との連携を図り，新しい考え方や指導方法等の知見を借り，一方，大学などは現場とともに歩みながら研究を進め，双方が車の両輪のように相携えて進むことが望ましいのではないでしょうか。

2 節｜今後の「授業づくり」のためのポイント

▶1.　授業は誰が進めるの？——担任・専科教員・ALT 等のバランス

　2019 年 12 月，中央教育審議会初等中等教育分科会においてとりまとめられた概要（文部科学省，2019）には，2022 年度を目途に小学校高学年からの教科担任制を本格的に導入すべきである，と記されています。今後数年で，大学の教員養成課程で小学校教員免許に加えて中学校英語の教員免許を取得した学生が小学校現場において活躍するようになることも期待されています。しかし人材育成の観点から，若手教員は担任の業務だけでなく研修等の出張が多々あるなかで，自らの授業を行いながら，同時に全校の英語教育を推進していくことは実質的にかなり困難でしょう。これまで同様に，担任が ALT や専科教員等と協働しながら，英語の授業を展開していく期間が今後もしばらく続くと推測されます。

　担任は児童の実態を一番よく把握しているため，授業を豊かに展開していくためには欠かせない存在であることは間違いありません。しかし，英語の授業での役割が不明確である，自分の英語力に自信がないなどの理由で不安を抱えたままの担任も少なくありません。

そこで，授業における指導者の大まかな役割や注意事項例を表4.1にまとめました。

表4.1　授業における教師の役割内容例

学級担任	○ 授業の舵取り ○ ICT機器の使用	▪ 授業の始めは，担任の英語の挨拶からスタートし，授業に流れをつくる。 ▪ 時間配分を調整し，児童の理解度を見届けながら，意欲づけのための声かけや指示を簡単な英語を使って行う。 ▪ ALTに再度説明してもらうなどの指示を行う。 ▪ 児童の発話を受け止めながら，つかませたいターゲットの表現を繰り返し聞かせる。 ▪ ALT等の英語を日本語に訳して児童に理解させるのではなく，One more time, please. What does it mean? などと児童に代わって質問したり，板書等を活用したりして，英語でのやり取りを通して，理解を支える工夫をする。
ALTおよび地域人材等	○ 英語指導（発音・英語らしいリズム・活動説明等） ○ ICT機器の使用	▪ 児童が英語を使ってコミュニケーションを図ろうとする時の相手となり，児童の伝えたい気持ちを喚起する。 ▪ ターゲットになる言語材料の英語の標準的な発音，日本語にない英語らしい音やリズムを崩さず，言葉として機能する意味のある「やり取り」を通して日常的に英語を聞いて理解する機会を確保する。 ▪ 理解を助けるために，英語らしいリズムを崩さないように，ゆっくり，はっきり英語を聞かせる。 ▪ 授業の話題に関連する異文化情報を，分かりやすい英語を用いて伝える。 ▪ 活動やゲーム中に，児童が無意味に興奮し大声で英語を叫ぶような競争的な要素を強調しないよう留意する。
専科教員等	○ 指導内容の提案や授業内外の教師間のコーディネート	▪ 積極的にターゲットの文を含めた英語でやり取りを行い，担任の英語使用の後押しをする。 ▪ 児童の実態を把握し，事前確認，事後指導，ALTと担任のコーディネート，指導計画の整備等の配慮をする。 ▪ 時にはALTのように，時には担任のようにT1となり，授業の流れや内容を把握し，授業中であっても他の教員に修正箇所について指示し，授業全体のコーディネートにつとめる。

　この表4.1の内容がすべてではありませんが，それぞれの立場の指導者が，児童の英語の学びを豊かにするために，相乗効果を発揮するように関係し合うことが重要です。

▶2.　子どもの学びを深める「やり取り」

　1節で紹介した岐阜県高山市の取り組みの一つに"できる度Check"の実施があります。2017年度・2018年度の小学生の意識調査において，ほぼ9割の質問項目で，英語学習に対して「できると思っている」値を高く示した学級が2つみられました。実はこの2つの学級の英検Jr.学校版Bronze級／Silver級の結果（平均）は，他校よりも10ポイントほど高いという結果を示しました（新井, 2019）。そこで，この2つの学級のある1時間の授業

分析を行ったところ，この学級の指導者は，45分授業の約4割の時間を「やり取り」に費やしていることが分かりました。もちろん，やり取りには，「時間の量」「質」「英語使用のタイミング」等のさまざまな要素が含まれています。では，どのような「やり取り」が英語の学びにとって有効なのでしょうか。

▶3．子どもの心の動きを作り出す言語活動のポイント

　単語や表現を繰り返し言う練習は必要な時もありますが，子どもが言いたい気持ちになっているかどうか，という点には十分な配慮が必要です。例えば，動物カードを裏返しのまま英語の部分を見せないで「何かな？　分かるかな？　当てられるかな？」という状況では，指導者も「何だか分かるかな？　教えて」という気持ちをもって声に表情をつけながら，"Can you guess? What is this?" などと語りかけ，情報のギャップを子どもと一緒に埋めていくなかで「やり取り」をする，つまり，子どもを巻き込んだ「真実味のある意思の伝え合い」が大切です（久埜，2010）。すでにお互いが何を聞き合うのか分かりきっている場面においては，疑似体験的な英会話練習に陥りがちになり，高学年になればなるほど，指導者の意図に合わせようとする心の動きが生まれやすいため，自分たちで英語を使おうとする気持ちにブレーキがかかってしまいます。その場面自体が本当に子どもにとって「聞きたい・話したい」という心の動きを作り出す場面となっているかどうか，立ち止まって考えてみましょう。

▶4．パターン・プラクティスの再考

　言葉を学ぶプロセスにおいて，パターン・プラクティスが必要な学習方法の1つであると考える指導者もいます。しかし，学習者にとって思考のともなわない，つまり，言いたい気持ちになれない，言わされているパターン・プラクティスは逆効果になることさえあります。これは決して英語の学習だけに限ったことではありません。小学1年生の国語の授業で，日にちの数え方を学ぶ授業において，どうしても「ついたち」と「ようか」が言えない児童がいるため，教師が何度も口頭で繰り返し練習をさせているのを見たことがあります。初めは元気のよかった児童たちですが，徐々に声のトーンは下がり，横を向き始める児童も出てきます。このような時にはさっとやり方を変え，例えば，大きなカレンダーを取り出し，「先生が間違えて言ったらマネしちゃだめだよ」と伝え，カレンダーを指さしながら「いちにち・ふつか…はちにち…」と児童と一緒に言い始めます。児童は間違わないようにと急に耳をそばだてて真剣についてきます。思わず教師の間違いを一緒に言ってしまっても，笑って次に進みます。

　この国語の例もパターン・プラクティスの一種です。しかし、子どもの思考を楽しく働くようにくすぐっているところに違いがあり、遊び心があるため間違えても何度でも修正し、もう一度トライしようとする気持ちになります。この例からも言えることは、むやみにパターン・プラクティスを行わせるのではなく、子どもの思考に寄り添いながら、活動の必然性を子ども自身が感じられるように指導手順等を見直すことが重要であるということです。

3 節 │ 指導案のポイント——啓林館 *Blue Sky 5*, pp. 4–5 を一例にしながら

▶ 1. よい指導案とは？——子どもの思考の流れが見える指導案にする

　指導案とは、授業の展開だけがまとめられているものではありません。大切なのは、授業の展開において、子どもがどのような思考の流れをもって英語を学ぶのか、その活動の意図は何か、そこでどのような英語を聞かせようとしているのか、どのような英語が子どもから出てくることを期待しているのか、が明示されていることです。1 つの例として、既習内容を復習し新出語彙に触れるための授業展開例を紹介します（次ページからの資料 4.1）。

　この指導案では、子どもが既習・新規の言語材料を活用しながら、たっぷりと先生と「やり取り」できるように配慮しています。また、音や意味を推測しながら、繰り返し聞いてきた英語を不安定ながらも自ら口ずさみはじめる段階を含めるよう留意しています。さらに、言語材料を含む教材のなかから、自分で読めそうな単語を探して読み、文字と音の関係に気づくことができるようにしています。これらの段階を経て、最後には、自分が聞いて分かる語彙を選択肢のなかから探して読み、音を確かめながら綴りを見て書いてみるという流れになっています。

▶ 2. 指導案改善のためのチェックリスト

　今後、検定済教科書の使用にともない、指導書も一緒に活用する場合が多くなると考えられます。天満（1982）は、「他人の作った指導案通りにそつなく授業を進めるだけで、生徒からの反応を求めることもなく、まして教師の独立した自分なりの判断を述べることもない。いさぎよくその教材から離別して新たな教材を探すなり、自分で作ることもできるはずである。教師の心の通わぬ授業ほど倦怠をおぼえるものはない。」（p.39）と指摘していますが、子どもの実態、思考の流れ、学び方などを基盤にした教材研究、そして、授業内で柔軟に子どもの学びに対応しながら授業展開ができる指導者でありたいものです。

　そこで，指導案を作成する際に以下の項目についてチェックしながら，指導内容・指導方法について修正を繰り返し，よりよい授業づくりをめざしましょう。

「聞くこと」	□ 真実味があり，正しい英語のリズムを意識した語りかけで聞かせるようにする。 □ 補助教具等を使って語りかけて，児童が聞く量を多くする。
「読むこと」	□ 初めから文字を強いて読ませようとするのではなく，まずは印刷してある文字を児童の目に触れるようにしておく。 □ 児童が熟知している単語や句を教師が板書して見せたりすることは，必要に応じて行う。
「話すこと [やり取り]」	□ 教師は，児童の実生活に即した内容を選んで，児童がすでに知っている単語をふんだんに使って話しかける。 □ 児童が考えながら聞き，意欲的に自分で思いついたことを答えたくなるようにする。 □ 自然なやり取りで，英語を使い合う成功体験を重ねられるように仕向けながら指導する。 □ 教師があらかじめ用意した対話を暗記させて，児童同士で行わせる「やり取り」は避ける。
「話すこと [発表]」	□ 児童が言いたい，と思ったことについては，教師が受け止め，児童の未熟な英語でも，発表の準備をサポートし，口頭で発表することを励ます。 □ 児童に複数の文を暗記させて発表させることは避ける。
「書くこと」	□ 児童の書きたい気持ちを尊重し，児童自身の満足感を念頭に置きながら書く指導をする。 □ 「児童が伝えたい事柄について言えることを書く→児童自ら音読し内容と自分の発する英語の音を確認する→他の人が読む」という流れによって，書いたものを確認させる。

資料 4.1　啓林館 *Blue Sky 5*, pp. 4–5 を扱った指導案例

学年	5 年	Alphabet pp. 4–5	Alphabet	単元（2 時間）の第 1 時
授業の ねらい	既習のローマ字や英語の文字の名称の言い方を頼りに，自分の言える単語を読んでみたり，書いてみたりすることを通して，文字を読んだり書いたりすることの面白さを味わうことができる。			
言語材料	I am 〜. I like 〜. Nice to meet you., 曜日，アルファベット，動物等の既習語彙			

(*Blue Sky 5*, pp. 4–5 掲載のアルファベットカード)

	児童の言語活動	担任の動き	ALT・専科教員の動き	Notes
3分	○ Greeting & Songs/ Rhymes 　I am fine. 　It is Monday. 　It is Wednesday. 　Yes, I do.	How are you today? What day is it today? What day is *undoukai*? Do you like it? 話題を膨らませながら意味のある「やり取り」をする。	Ask more questions after students said, "I am tired." or so. Ex. Did you play 〜? 児童が言えたものを板書する。	I am happy. や I am sleepy. で OK にしないように Did you 〜? などで質問し, <u>やり取りをする。</u>
3分	○曜日のうた 　Sunday 〜 Saturday	一緒に歌う。	曜日を 1 つ飛ばすなどして楽しく歌う。	
5分	○ pp. 4–5 音遊び (1) 指導者の発音する単語を探し, まねる。 指導者の発音からどのアルファベットのところかを推測してみよう。	バラバラに, 児童がカタカナで知っている単語から発音し, 徐々に evening / ocean / unicycle などの単語を入れていく。	Pronounce each word at random, and let students guess what it is.	カタカナなどで知っている言葉からはじめる。児童にどんどん別の単語に挑戦させる。
4分	(2) A〜Z まで書かれている単語で読めるところはいくつあるか考えながら, 読む。	個々にどれだけ読めそうか, 挑戦させてみる。	Ask them to try to read the words they know from A to Z.	<u>単語の綴りを教えていないから読ませない, ではなく, 知っている音を頼りに自力で読んでみた, という経験をさせていくことを大切にする。</u>
5分	(3) 指導者が言う音に付け足し発音する。 指導者は絵カードの黒で書かれている部分 (cat の at, city の ity, dog の og) のみを発音し, 児童は音を補い単語の発音をする。	(T)iger と初頭の音を発音せずに言い, 児童は Tiger と言う。慣れてきたら, テンポよく音のキャッチボールをするように行う。	Pronounce words written in black without the sound of the first letter written in blue. Ex. (T)iger → Tiger	

| 15分 | （4）絵カードのなかのさまざまな物を表す単語から始めの音は何か，その文字は何かを探す。〈発話例〉 S: Cat. T: What does the cat wear? S: Cap? Hat? T: The cat wears a purple cap. T: What is the first sound of "cap"? S: c[k]? ke[ke]? ca[kæ]? T: Yes, It is "c[k]". T: What is the cat eating? S: Cake. T: Yes. The cat is eating a cake. | まず，児童の言いたい単語をどんどん言わせていく。指導者はそれを拾いながら，What is the first letter? What sound comes first? などと質問を投げかけたり，Where is it? どこにあるの？えっ？見つけられたの？ Did you find it? と驚いたり質問したりしながら，児童と楽しく「やり取り」をし，徐々に文字とその音に着目させていく。 | Let students find the words from each drawing, and guess what sound comes first, and what the first letter is. Ex: T: Where is the dog? S: 机の上だよ。 T: Ah, the dog is on the desk. What does the dog have? S: Doughnut. T: Yes, it has a doughnut. Can you see November on the calendar? S: No. December! T: That's right. You can see "December" on the calendar. | 知っている音と文字とをつなぎ合わせていく活動にする。 絵カードに描かれたさまざまな物を表す単語に気づき，音と文字をつなぎ合わせ，自分で読んでいく。児童が日本語で言ってきても，指導者は英語で返し，板書する。 |
| 10分 | （5）見つけた単語はどのように書くのかを教科書から探す。（6）探して読める単語を書く。 | 児童が気づいた単語を初頭の音の種類で分けて板書していく。 4線用紙に児童が見つけた単語や読める単語を記入させる。 | Categorize the words they found in the first sound, and write them down on the board. What is the first letter of "Kiwi?" Let students choose some words and write. | 児童が見つけた単語がもつ音と文字とをつなぎ合わせながら，音と文字の関係に気づかせていく。 |

（新井謙司）

5章
教材研究の進め方と教材の活用

> 　小学校学習指導要領の全面実施にともない，中学年では補助教材の *Let's Try!* を使った外国語活動，高学年では検定済教科書を使った教科としての外国語の授業が開始されました。これらの教科書・補助教材は，小学校学習指導要領が求める資質・能力の育成をめざして作成されています。これまで使用してきた教材を，そのまま学年だけ変えて使うという考え方ではなく，新しい教材研究の視点が必要になってきます。
>
> 　本章では，教科書・補助教材における教材研究の視点，および，教材を支えるものとしてのデジタル教材・ICT 教材や絵本等の活用方法について考えます。

1 節 | 教材研究の視点

　小学校の学級担任は一人で多くの教科を担当しています。また，専科教員も複数の学年や学校にまたがって英語を教えることが多いでしょう。そのため，小学校の教員は授業ごとに，どのような教材を使って教えるかという教材ベースの発想ではなく，単元を通じて児童にどのような力をつけるのかという目標ベースの発想から使用教材を選定し，授業を設計しなければなりません。これにより，外国語（英語）の視点からだけではなく教科や領域を超えた，教科横断的で柔軟な教材開発も可能になるのです。

　以下，小学校学習指導要領に記された，中学年の外国語活動・高学年の外国語科の目標をもとに，小学校の学びを活かした豊かな言語活動を行うために，指導者が留意すべき教材研究のポイントについて紹介していきたいと思います。

▶1. 中学年用教材研究のポイント

　まず，小学校学習指導要領（外国語活動）の目標に注目します。小学校学習指導要領解説（文部科学省，2017b）には「小学校における外国語教育においては，（中略）外国語やその背景にある文化を，社会や世界，他者との関わりに着目して捉える点を重視すべきである」(p. 12) と記述されています（下線は筆者）。外国語活動を通して，相手の意図を理解したり，自分の思いを伝えたりするような，他者意識のある活動が重要です。そのためには，機械的なやり取りの練習や単発的なゲームなどで終わることなく，児童が思わず英語を言いた

くなるような言語活動を意識した計画を立てることが必要です（なお，以下では紙面の都合上「知識及び技能」にしぼり紹介しています）。

①「知識及び技能」の育成をめざした教材研究

小学校学習指導要領解説（文部科学省，2017b）では，知識及び技能に関して「児童のもつ柔軟な適応力を生かして，言葉への自覚を促し，幅広い言語に関する能力や国際感覚の基盤を培うため，日本語や我が国の文化を含めた言語や文化」（p. 13）を体験的に理解することが重要であるとしています。例えば，*Let's Try! 1*, Unit 8, What's this? の単元では，児童に日本語と英語の音声の違いに気づかせるため，次のような活動を設定しています。

児童の活動	教師の活動
【Let's Play 2】p.32 ・シルエットや断面図から何かを考えて答える。 （上段左から） にんじん・きゅうり・桃・パイナップル （下段左から） 玉ねぎ・ピーマン・オレンジ・トマト	• peach, pineapple, orange, tomato など，外来語としてなじみのある野菜や果物を扱う。英語での言い方に出会わせる際に，日本語では手をフラットに移動して発音して聞かせ，その英語の場合には，強く発音する部分などは，手をあげたりして，強勢の違いに気づかせるようにする。

ここでは，外来語になっている野菜や果物の英語での言い方と日本語での言い方を比べて，発音や強勢の違いに気づかせる活動を行います。この活動に，もう一つ，野菜の漢字クイズを加えて「知識及び技能」をさらに深める発展的な活動例を紹介します。

〈活動例〉

T: What's this *kanji*?（「西瓜」の漢字と絵を見せて）

S1: あっ，スイカじゃない？

T: Yes, this is a watermelon. What's this?（「胡瓜」の漢字と絵を見せて）

S2: 分かった，キュウリ。

T: Yes, this is a cucumber. What's this?（「南瓜」の漢字と絵を見せて）

S3: もしかして，カボチャ。

T: Good! This is a pumpkin. What's this?（「苦瓜」の漢字と絵を見せて）

S4: 分かりません。Hint, please.

T: OK. It is bitter.（苦い顔をして）It is from Okinawa.

S5: ゴーヤじゃない？

T: That's right. This is a bitter melon, *goya*. They are all from the
melon family.（漢字を右図のように並べて）

	胡	
西	瓜	南
	苦	

4 年生は理科でへちま（「糸瓜」）の学習をするので，絵ではなく花の
写真などを使っても楽しい活動にすることができます。

▶2. 高学年用教材研究のポイント

授業では，実際にその単語や表現を使う目的や場面が明確に示された上で，「聞くこと」，
「読むこと」，「話すこと［やり取り］」，「話すこと［発表］」，「書くこと」などの言語活動が
行われ，教材はそれを可能にするものでなければなりません（文部科学省，2017c）。ここでは，
上記のポイントを踏まえつつ，高学年用の教材研究について紹介します（なお，以下では紙面
の都合上「思考力，判断力，表現力等」と「学びに向かう力，人間性等」にしぼり紹介しています）。

①「思考力，判断力，表現力等」の育成をめざした教材研究

小学校学習指導要領に示されている「読むこと」の一つの目標として「イ 音声で十分に
慣れ親しんだ簡単な語句や基本的な表現の意味が分かるようにする」とあり，具体的には，
「日常生活に関する身近で簡単な事柄について，掲示，パンフレットなどから自分が必要と
する情報を得たり，絵本などに書かれている簡単な語句や基本的な表現を識別したりする
など，言語外情報をともなって示された語句や表現を推測して読むようにすること」が必
要であるとしています。*We Can! 1*, Unit 6, I want to go to Italy. の単元では，次のような
読む活動があります。

児童の活動	教師の活動
Unit 6-5 ワークシート【Let's Read and Write】 ▪ ブラジルのポスターを見て，知っている単語に 　印をつける。	▪ Kosei がお勧めの国として紹介するブラジルに 　ついて書かれたワークシートのなかから音声で 　慣れ親しんだ単語や表現を見つけ，印をつける 　ように提示する。

We Can! 1 の内容に即して作成されたワークシートを使って，それまでの授業で，十分
に音声で慣れ親しんだ単語や表現に印をつけるという読む活動です。この活動自体は，そ
こに至るまでに，読むことについてしっかりと段階が踏まれているので，児童にとっては
適切な練習であり復習でもあるのですが，この活動の後にさらに英語で書かれた本物の旅
行パンフレットを使用して，知っている単語や表現，また自分が興味を持ったり，必要と
したりする情報に印をつける活動を行うと，学んだことを実践的に確認し，発展させるこ

とができます。ただし，写真や絵など文字以外の情報が多く掲載され，文字の量や難易度などが児童にとって負担にならないものを選ばなければなりません。そのような本物を使用することで，言語の「使用場面」や「働き」を明確にして言語活動を行うべきであるという小学校学習指導要領の指針にも沿った授業となるでしょう。

②「学びに向かう力，人間性等」の育成をめざした教材研究

　小学校学習指導要領のなかで，題材として取り上げるものとして「我が国の文化や，英語の背景にある文化に対する関心を高め，理解を深めようとする態度を養うことに役立つこと」とあります。そのような態度を養うことにつながる活動として，例えば，次のような教材を準備してみてはどうでしょうか。*We Can! 1*, Unit 2, When is your birthday? の単元には，ユニット冒頭の Let's Watch and Think 1 で世界のさまざまな行事について月ごとに紹介されたデジタル教材を視聴する活動があります。

児童の活動	教師の活動
【Let's Watch and Think 1】pp. 10–11 ・デジタル教材で，世界のさまざまな行事や祭りの様子を視聴し，世界にはさまざまな行事や祭りがあること，月や季節の言い方を知る。	・視聴して聞き取れた語を尋ねる。ここでは，聞き取れた語を頼りに何をしているか，どんな行事や祭りかについておおよそ分かる程度に留める。児童の様子を見ながら，視聴を繰り返す。

　このデジタル教材の視聴を通して，児童は世界の行事やお祭りについて知るだけでなく月や季節の言い方も学びます。内容が盛りだくさんで情報量も多いので，すべてを聞き取り理解することは求められていませんが，紹介される世界の行事やお祭りのなかには，児童にとってあまりなじみのない国のものも含まれています。この単元の最終到達目標を考えると，世界のさまざまな情報について，そこまで深く理解することは求められていませんが，指導の仕方によっては，表面的に理解して終わるだけということになりかねません。そこで，これらの世界の行事やお祭りが，児童にとってより身近なものとして理解を深めることができるよう，テキスト付属のデジタル教材に加えてビデオレターを作成します。そのビデオのなかでは，日本でも世界でも共通にお祝いするハロウィーンやクリスマス，お正月といった行事やお祭りを取り上げ，ALT や GT (Guest Teacher) に，それぞれの出身国でどのようにお祝いするのかを語ってもらいます。児童は，日本での祝い方と比べ，共通点，相違点などを考えながら視聴します。そしてワークシートを準備し，日本語で構わないので，デジタル教材や ALT，GT などから得た情報や児童自身が知っている日本の情報を書き入れるようにして，クラスやグループで話し合う機会を持つとよいでしょう。ビデオレター以外に，行事が取り上げられている映画のシーンを使うこともできます。

2節｜デジタル教科書・ICT教材の活用法

　小学校学習指導要領の完全実施にともない「主体的・対話的で深い学び」の視点からの授業改善の必要性や，特別な配慮が必要な児童生徒等の学習支援のために「学校教育法等の一部を改正する法律」が施行され，これまでの紙の教科書に加え，必要に応じて学習者用デジタル教科書を併用することができるようになりました。ここでは，デジタル教科書や，その他のICTの効果的な活用法と留意点について考えてみましょう。

▶1. デジタル教科書の活用法と留意点

① 教師用デジタル教科書の指導形態別活用法

　教師用デジタル教科書の活用法を以下にまとめてみます。

	教師の活動	児童の活動
(1) 一斉授業	・場面や状況を動画や音声で提示 ・チャンツやリスニングの再生 ・アルファベットの指導 ・児童の発表用に画面を提示	・概要を見聞きし推測する。 ・チャンツやリスニングを行う。 ・文字の形を認識し，音読み・名前読みをする。 ・画面を指し示しながら，自分の考えを説明する。
(2) グループ学習	・やり取りのモデルの例示 ・練習課題の提示や答え合わせ ・グループ発表用などの際に，話し合いの結果を画面に提示	・モデル例と比較し，自分たちのやり取りを改善するための話し合いをする。 ・「学び合い」のシステムを使い，グループ全員が理解できるように話し合いながら課題を解く。 ・画面を指し示しながら，各グループの考えを説明する。
(3) 個別学習	・練習課題の説明や答え合わせ ・ターゲット文やStoryを再生	・答え合わせをしながら，間違えた問題をもう一度確認する。 ・音声に続いて，教科書の文を指さし読みする。

② 学習者用デジタル教科書の活用法

　次に，学習者用のデジタル教科書の活用法についてまとめてみます。

	児童の活動　（※は指導に配慮が必要な児童の個別支援ツールの役割）
(1) 一斉授業	・教科書の資料や課題を大きく拡大して見やすくする。（※） ・日本語の指示文の漢字にルビを振って理解を助ける。（※） ・画面の背景色を変えたり反転させたりして認識しやすくする。（※）

(2) グループ学習	・やり取りのモデルの画像や音声を繰り返し視聴して，自分たちのやり取りを改善するためのポイントを話し合う。 ・話し合いの結果を画面上にペンなどで書き込み保存する。
(3) 個別学習	・教科書の語や句・文章の音声を繰り返し聞いて個人練習する。 ・画面上に自分の意見や，問題の答えを書き込み保存する。 ・画面上で，アルファベットのなぞり書きや音韻認識の練習をする。

③ デジタル教科書使用上の留意点

- 使用頻度，使用時間，使用方法を十分に吟味して節度をもって使用する。
- デジタル教科書を使わないときはしまうなど，使用上の約束を決める。
- ノートやプリントなど，アナログでの学習効果と比較し，選択使用する。
- 児童の健康面への配慮から，使用時の姿勢などの指導を行う。
- 機器やネット環境の不具合に備え，予備機や代替教材などを準備する。

▶2.　その他の ICT の活用法

　教科指導での ICT 活用では，① 学習指導の準備と評価のための教師による ICT 活用，② 授業での教師による ICT 活用，③ 児童生徒による ICT 活用の 3 つが重要だと言われています（文部科学省，2009）。今後は，個別最適化された学習指導の充実のために，児童自身が ICT を主体的に活用できるよう支援していくことも必要になるでしょう。以下には，そのための方法をいくつか提案します。

① 基礎・基本の習熟のための ICT 活用

　あくまでも，小学校外国語では，目的・場面・状況を意識した意味のあるやり取りを通して外国語を学ばせます。一方で，英語のリズムや発音など，児童が楽しく繰り返しながら習熟できる ICT 教材は，場面に応じて効果的に活用したいものです。

② 調査・まとめ・発表のための ICT 活用

　インターネットでの検索はネットモラルをしっかり指導した上で，教師がサポートしましょう。効果的なプレゼンテーションの方法も，友だちの発表から協働的に学べます。

③ 評価・振り返りのための ICT 活用

　発表の様子をタブレット端末で録画し，児童同士で改善点を考えながら発表の練習ができます。また，音声認識ソフトなどを使えば，正しい発音のチェックなども可能です。

3節｜絵本などの活用法

絵本は，これまでも低学年から高学年まで，児童の言語学習をより豊かで意味深いものにする教材として使用されてきました。小学校で外国語活動が必修となってからは，授業では主に *Hi, friends!* (2012) や *We Can!* (2018) などの補助教材が使われましたが，絵本もそれらの学習を手助けし，さらに発展させる役割を担ってきました。絵本を通して，児童は，その場面に即した生きた言葉や表現に出会うことができます。小学校学習指導要領における指導上の留意点でもある，言語の「使用場面」と「働き」を明確に示すことができる教材の一つと言えるでしょう。また高学年は外国語が教科となり，これまでの「聞くこと」「話すこと」に「読むこと」「書くこと」が指導内容に加わることになりました。これからますます絵本の適切な活用が求められることになるでしょう。

▶1. 教科書・補助教材等のなかで扱われている絵本の活用

教科書や補助教材では，日本や世界の昔話や民話を児童の英語のレベルに合わせて書き換えたものや，*Let's Try!* や *We Can!* のようにオリジナルのお話が扱われています。いずれも児童の発達段階に合わせて作成されているので，有効に使用することで相応の効果が期待できるでしょう。中学年では，補助教材である *Let's Try! 1, 2* のなかで，それぞれ最後のユニットで絵本が扱われています。主な目的は「聞いて分かる体験」をすることです。一方，高学年では，読み聞かせを通して「読むことに慣れる」ことが目標とされています（文部科学省，2017c）。例えば *We Can! 1, 2* は，各ユニットの最終ページに，児童にとって既習の表現などを使用した短いお話が描かれています。

これらの絵本を指導する上でのポイントは，以下の通りです。

1) 読み聞かせを行う際は，お話の内容や紙面に描かれている登場人物などについて児童に質問をするなど，日本語や簡単な英語で「やり取り」をしながら内容理解を確認し読み進めていく。

2) （中学年）絵本に描かれている表現を児童にとって身近なものとするために，絵本のなかでの表現や単語などを使ってみる活動（劇やゲームなど）を行う。

   （高学年）文字を指でなぞりながら指導者の後について音読したり，自分で読んでみたりすることで，文字を「読むこと」にトライする。

   ＊どの学年も，まずは音声でしっかりお話を聞かせることが大切です。

▶2. その他の絵本の活用

　教科書や補助教材で扱われている絵本とは異なって，児童にとって既習の語彙や表現だけが使われているわけではありませんが，市販の絵本は児童に真の言語使用場面や言葉の働きに触れさせることができる貴重な教材です。絵本を選定する際は，児童の発達段階や興味・関心に合ったもの，そしてリズムがあり，内容がシンプルで，同じ表現の繰り返しなどで構成されている本が望ましいと言われています（文部科学省，2017c, p. 100）。さらに高学年については，音声で十分に読み聞かせた後，自ら文字をなぞりながら読んでみたいと思うような本を選びたいものです。次に学年ごとにお薦めの絵本と活動例を紹介します。ここでは読み聞かせを行い，ある程度絵本に出てくる語句や表現に慣れてきた後の発展的な活動例を紹介します。

① **低学年**　*Brown Bear, Brown Bear, What Do You See?*（by Bill Martin, Jr., pictures by Eric Carle, Puffin Books）

動物と色の部分だけが入れ替わり，"Brown Bear, Brown Bear, what do you see? I see a red bird looking at me." という表現の繰り返しで構成された絵本です（⇒第1部3章2節）。リズムがよく，何度か繰り返し聞くうちに児童はあっという間に覚えてしまうでしょう。

〈活動例〉

▪ 登場する動物の絵カードを1グループ6人くらいに1セット用意し，グループの真ん中にカードを置いて，1人ずつ順番にめくります。他の児童が "○○さん，○○さん，what do you see?" と言ったら "I see a _____ looking at me." とカードの動物を答えます。
＊応用として絵本に出てくる動物以外のカードを混ぜておいても楽しいでしょう。

▪ 少し表現を変え，"○○さん，○○さん，what do you hear? I hear a dog 'bow-wow, bow-wow.'" と身近な動物の鳴き声を入れて遊ぶのも楽しいでしょう。

② **中学年**　*It's Okay to Be Different*（by Todd Parr, Little, Brown and Company）

みんなそれぞれ個性があって，違っていて構わないよという異文化理解や他者理解の教材としても活用できる絵本です。ページごとに子どもや動物たちのいろいろな様子が描かれ，"It's okay to 〜 ." という文章が添えられています。（例）"It's okay to be missing a tooth. (or two or three)" 児童に「何が It's okay. なんだろう？」と問いかけながら読み進めるとよいでしょう。

〈活動例〉

▪ グループやクラスで絵本の内容について感想や意見交換を行います。

- グループやクラスで，絵本であげられたこと以外にも人と違っていても構わないことを考え，自分たちの考えを反映した絵を描き，ALT にアドバイスをもらいながら文を作ってみましょう。

③ **高学年** *An Elephant & Piggie Book: We Are in a Book!* (by Mo Willems, Hyperion Books for Children)

英語圏の子どもたちに人気がある An Elephant & Piggie シリーズのなかの一冊です。主な登場人物は Gerald という名のゾウと Piggie と呼ばれているブタで，2 人は親友です。この本では，2 人は自分たちが本の中の登場人物であることに気づき，読者を意識して会話を進めます。2 人の対話 (やり取り) が楽しい絵本です。

〈活動例〉

- 読み聞かせや一斉音読練習などを行った後，ペアになり，文字をなぞりながら一緒に読む練習をします。ペアで Gerald 役と Piggie 役に分かれ，感情を込めてロールプレイを行ってみましょう。最後にペアごとにロールプレイをクラスで発表します。

（加藤拓由，新山美紀）

6章
よりよい評価の在り方と進め方

　本章ではまず1節で評価の在り方について，資質・能力の3観点をそれぞれの留意事項とともに説明します。次に2節で評価の進め方について，振り返りや観察，ポートフォリオ評価を含めた Can-Do 評価による形成的評価の進め方と，ルーブリック評価やペーパーテストを含めたパフォーマンス評価による総括的評価の進め方に分けて解説します。最後に3節で具体的に Can-Do 評価とルーブリック評価の作成および活用事例を紹介します。

1節｜評価の在り方

▶1. 観点の設定と評価の在り方について

　小学校外国語活動および外国語科においても，育成する資質・能力の3観点に対応する形で各単元において目標や活動が設定され（表6.1），評価に関しては「知識・技能」「思考・判断・表現」「主体的に学習に取り組む態度」が新たな観点とされました[2]。まず外国語活動・外国語科において大切にしたいのは，「言語活動」を通してコミュニケーションの素地や基礎を育むということです（⇒第2部3章）。「言語活動」とは，実際に英語を使って自分の考えや気持ちなどを伝え合うことを意味します。児童が主体的にコミュニケーションを図ろうとする意欲や態度の育成をめざして，自分の考えや気持ちなどを伝え合う活動を設定し，その活動を通してコミュニケーションの素地や基礎を養うことが重要なのです。

表 6.1　評価規準と対応して記述されている単元目標の例

We Can! 1, Unit 9, Who is your hero?
【単元目標】
- 得意なことについて、聞いたり言ったりすることができる。また、簡単な語句や表現を書き写すことができる。　　　　　　　　　　　　　　　　　　…【知識・技能】に対応
- あこがれたり尊敬したりする人について、自分の考えや気持ちを含めて伝え合う。　　　　　　　　　　　　　　　　　　　　　　　　　　…【思考・判断・表現】に対応
- 他者に配慮しながら、自分があこがれたり尊敬したりする人について、自分の意見を含めて紹介し合おうとする。　　　　　　　　　　　…【主体的に学習に取り組む態度】に対応

2　資質・能力の3つの柱としては、「学びに向かう力，人間性等」が設定されていますが，観点別学習状況評価の観点としては「主体的に学習に取り組む態度」とされ、「感性や思いやり」など，人間性等に関わる評価や評定に示しきれないよい点や可能性，進歩の状況は、「個人内評価」として積極的に評価し，指導要録に記載することとなります。

　したがって評価においても，児童が言語でのやり取りをまさしく行っている言語活動のなかで，よい学びの姿や学びの過程を評価し，児童の学びを促し，形成していく「形成的評価」（学習・指導の改善のための評価）の役割が大きくなります。その上で，それまでの学びを総括して何が身についたかを，「総括的評価」（記録に残す評価をもとにした学年末の評価）として小学校児童指導要録に記載します。外国語科では観点別に総括した学習状況の評価（A，B，C）と観点別評価を総括した数値による評定（1，2，3）を行い，一方，外国語活動では所見として評価することになります。留意すべきは，とりわけ「思考・判断・表現」の観点を中心に，目的や状況・場面に応じた言語活動におけるパフォーマンス評価や自己評価などの多様な評価方法を活用していくことが求められるということです。

　そこで大切なのは，指導と評価の一体化のため，こうした目標（ねらい）と評価の観点をしっかりと明確に位置づけ，単元構想や授業づくりにおいて，児童の成長を見取る（評価する）機会と，児童の学習を総括する際に資料となる「記録に残す評価」の機会をあらかじめ想定しておくことです。

▶2. それぞれの観点における評価と留意点
①「知識・技能」
　「知識」とは，音声[3]や語彙，表現，文構造といった外国語の特徴やきまりに関する理解，また言語の働きや役割についての理解（気持ちを伝える，コミュニケーションを円滑にする，など）です。「技能」とは，外国語の音声や文字，語彙，表現，文構造，言語の働きの知識を実際のコミュニケーションにおいて運用する技能を指します。このように，基礎的な習得の場面であっても，実際の言語活動を提示して「活用できる知識・技能」として習得させることが望まれます。もちろん評価の場面においても，学習の文脈から切り離されたペーパーテストではなく，活動のなかでそれぞれの技能について見取ることがきわめて重要になります。

②「思考・判断・表現」
　外国語科では，「目的や場面，状況などに応じて」という文言が繰り返し登場します。「思考・判断・表現」は，まさしくこの部分に対応する観点であり，コミュニケーションを行う目的や場面，状況などに応じて，そのテーマにかかわる基本的な語彙や表現を駆使し，さらにこれまでの既習事項を組み合わせたりしながら，「自分の気持ちや考えを伝え合う」こ

3　発音面については，それ自体は観点別評価の対象とはなりません。系統的な文法規則等の知識についても同様です。「音声」の特徴をとらえて話すことは指導には活かします。

とができているかを見取る必要があります。

　例えば，単元の最終に位置づけられている発表活動やコミュニケーション活動をパフォーマンス課題として設定し，その活動における児童の学びの様子をルーブリック（⇒本章2節2）や自己評価・相互評価を組み合わせて評価したり，個別の児童の学びを見るためのインタビュー（面接）を行ったりというように，多様な評価方法が求められています。

③「主体的に学習に取り組む態度」

　この観点では次の2つの軸があります。1つは，「粘り強く学習しようとする態度」，もう1つは「自ら学習を調整しようとする態度」です。特に2つ目は，児童自身が学習に見通しを持ったり，学習を振り返って次につなげたりといった学習調整・メタ認知的な部分を重視するものです。外国語活動や外国語科においては，先の②でもあげられた単元後半のパフォーマンス課題等において，相手意識・他者意識をもって活動に参加しているかということや，自らの学びを省察し次への学習の見通しを持って取り組もうとしている姿があるかどうかを見取ります。

2節｜評価の進め方

▶1. Can-Do 評価による形成的評価の進め方

① Can-Do リストによる学習到達目標の設定と評価

　観点別による評価の進め方としては，まず，それぞれの観点で「単元の目標」を設定し，その上で「聞くこと」「読むこと」「話すこと［やり取り］」「話すこと［発表］」「書くこと」の5つの領域ごとに「評価規準を作成」します。その後，どの活動でどの領域（技能）のどの観点を評価するのかの「評価計画」を立て，それらの評価資料をもとに，観点ごとの「総括的評価」を行います。具体的な進め方については，『「指導と評価の一体化」のための学習評価に関する参考資料（小学校，中学校）』（国立教育政策研究所，2020）が基本的な参考資料となりますが，ここでは特に「Can-Do 評価による形成的評価の進め方」と「パフォーマンス評価による総括的評価の進め方」にしぼって，評価の意義と留意点を述べていきます。

　学習到達目標としての Can-Do リストの設定に関しては，中高においてはすでに『各中・高等学校の外国語教育における「CAN-DO リスト」の形での学習到達目標設定のための手引き』（文部科学省，2013）が示され進められてきましたが，小学校での外国語教科化により，「『英語を用いて何ができるようになるか』という観点から目標を具体化し，小中高を通じて一貫した学習到達目標を設定」することが可能となりました。単元ごとに到達目標を能

力記述文（「～できる」）で設定してリストを作るだけでなく，学年を通して，また，卒業時にどのようなことができるようになるかを，単元を束ねて一貫した見通しのもとで設定し，単元を重ねるにつれて，少しずつそれらの目標が達成されていくように，言語活動の調整や児童の学びの支援を行っていく形成的な評価が重要となります。

　5つの領域のそれぞれにおいて，学年や単元の目標を設定する際には，3観点をまとめた能力記述文として設定しますが，実際に学年や単元などの評価規準を作成する際には，3観点のそれぞれで作成することになります。「できるようになる」こととしては，各単元の言語材料を用いた「知識・技能」の側面が思い浮かびやすいですが，「思考・判断・表現」の面では，目的や場面・状況を踏まえて，相手意識を持った具体的な言語活動での言語使用において，何ができるかの評価を行います。また，態度面として，そうした活動やそのための学習に，主体的に取り組もうとしているのかということの評価も合わせて行います。

② 振り返りや観察に基づいた形成的評価と児童の学びの支援

　Can-Do リストを用いた評価の目的は，一義的にはそれぞれの学校で一貫した学習到達目標を設定し，教師間や児童との間で共有することにより，指導と評価を一体化することにありますが，評定をつけるための道具に留まらないようにすることが必要です。「できる」かどうかの評価を行うことは，できない感を与えてしまう危険性もあり，どのように「できる感」（自己効力）を育んでいくかにも留意する必要があります。教科化にともない，各教科書でも Can-Do リストが提示されますが，それをそのままの形で用いるのではなく，各学校での育てたい児童像や現実的にそれまでにどのようなことに親しみ，できるようになってきているかの状況を踏まえた上で，できる感をそこねないような目標調整を行うことが必要となります。また，逆に全員が到達できるようになることを重視するあまり，評価規準を下げ過ぎて，挑戦しがいのない目標とならないよう，適切なレベルになるような配慮も求められます[4]。

　Can-Do リストを用いた評価のもう一つの意義としては，児童の学びを支援し，発達を促すという形成的な側面があります。学年や単元の目標が少しずつ達成できるように適切な支援をしていくためには，その途中の過程において，Can-Do リストに基づいた評価規準に即して観察評価に基づいた見取り（モニタリング）を行い，その場で足場掛けを行ったり，次の活動の難易度や足場の調整を行ったりすることが有効となります。Can-Do リストを

4　自己効力と自律性を育む Can-Do 評価については，「小学校英語評価研究会（EASEL）」の冊子（http://www.izumi-lab.jp/easel.html）を参照のこと。

意識することで，漫然とした授業や児童の見取りが，焦点化した見取りへと変わっていきます。さらには，Can-Do リストで見通しを持って，事前に見取る活動をしぼっておくことで，効率的かつ効果的な支援が可能となります。

　児童の学びを支援する上では，教師による観察評価だけでなく，児童による自己内省評価に基づいた振り返り（リフレクション）も，活動の調整や児童への介入を判断するための証拠資料（エビデンス）となります。Can-Do リストの項目ができたかどうかをチェックさせるだけでなく，内省コメントを書かせることで指導や学習改善のための豊かな情報が得られます。児童のつまずきや達成感を振り返りから読み取ることで，活動が難し過ぎなかったか，または，やさし過ぎなかったかの判断の材料が得られ，常にできない感を抱えている児童がいれば，対話による介入を行うきっかけとなります。

　また，児童にとっても，Can-Do リストを用いることで，振り返りの視点が得られ，学びへの気づきが促されることになります。先に述べたように，主体的な学びには自ら決定し，学習を調整する態度も重要な要素として含まれており，一貫した見通しのもとで自己の学びを客観的に見つめ，自らの学びに，責任と「学びが自らのものである」という意識（オーナーシップ）を持つことが大切になります。次の学習へと自律的に動機づける上でも，学習の指針となる Can-Do リストが欠かせず，授業の目標を自己選択的に立てさせるなどの工夫もできるでしょう。こうした主体性は，すぐその場であらわれるものではなく，複数の単元にまたがって，長期的な視点から評価することで変容が顕著となるものであることに注意が必要です。

　Can-Do リストの共有に際しては，児童に分かる言葉づかいでリストを記述し，必要に応じて口頭での説明を加えるとよいでしょう。活動を具体的に想起させることで，より児童の実態に近い内省をさせることが可能となります。とりわけ，学期末等にまとめて児童に自らの学びを内省させるような場合は，実感を持って思い出すのが難しいケースもあることに留意する必要があります。Can-Do リストを用いた振り返りそのものも学習の一部であるというとらえ方が重要です。

③ ポートフォリオ評価の活用と学習・指導改善の工夫

　児童の学びを促す形成的評価においては，言語活動の際に児童が作成したポスターや発表資料などの作成物をポートフォリオとして蓄積することで，評価の材料とすることもできます。ICT 機器が活用できる環境であれば，やり取りや発表場面のビデオ映像や音声などをデジタルポートフォリオとして残すこともできるでしょう。また，発信面だけでなく，児童が自発的に読んだり，聞いたりしたものの記録（ログ）や感想などを含めることも可能

です。ポートフォリオというと作品集として最終成果物を蓄積したものという印象が強いかもしれませんが，作品を作る過程で用いたワークシートなど，あらゆるものが対象となります。発表場面でのパフォーマンスだけでなく，どのようなプロセスを経て発表に至ったかを評価することが，とりわけ主体的に学習に取り組む態度を評価することとなり，次の授業への改善や学びの支援につながっていきます。また一方で，すべての活動の記録を残すことは現実的ではありません。それぞれの技能において教科書のどの活動をどのような形で記録に残し，指導改善に活かすか，また，児童に対してもどの活動で時間を取って学習改善のための気づきを与えるか，授業の単元計画を立てる際に，指導と学習のポイントを定めておくことが必要です。また，それに応じて見たい（評価したい）記録を引き出すようなワークシートを工夫する必要もあるでしょう。

　ポートフォリオ評価を行う上で重要なことは，評価の材料集めに留まってしまい，蓄積はしたものの活用ができていないという状況にならないようにすることです。作品を共有してお互いに感想を伝えたり，自分の作品を振り返って内省したりする機会を設けることで，それ自体もポートフォリオの一部となります。Can-Doリストの自己評価も同様で，学期末等に作品等と合わせて振り返りを行うことで，ふだんは気づきにくい自己の成長を具体的に実感することにもなります。児童の学期末の振り返りに合わせて，教師との面談を行い，さらなる気づきを促すことも有効でしょう。さらには，教師主導で一律にポートフォリオを作らせるのではなく，授業外の学びも含めて自らが残したいと思う記録を残させることで，主体性や自律性を育むこともできます。こうしたポートフォリオ評価を用いることで，テストの結果だけに偏らない真の学びの姿が見えてきます。

▶2. パフォーマンス評価による総括的評価の進め方
① パフォーマンス課題に基づく総括的評価と評定のまとめ方

　パフォーマンス評価とは，主にはインタビューや発表，作文などにおいて，単元で学んだ知識や技能を活かしながら，実際に使用している遂行（パフォーマンス）を評価することです。観察評価や自己評価などの形成的評価が学習の過程（プロセス）の評価だとすれば，パフォーマンス評価は学習のまとめとしての成果（プロダクト）を評価する総括的評価の手段となります。ポートフォリオ評価は過程と成果の双方に用いられます。多くの場合，単元末の最終活動がパフォーマンス場面となりますが，5領域のバランスを考え，やり取りと発表のどちらで評価するのか，ポスターなど書いたものそのものがパフォーマンスとなるのか，それとも発表の下書き原稿として書いているだけなのかなど，Can-Doリストで設定した単元でつけたい力を踏まえて，どの技能が主たる評価の対象となるかに留意する必

要があります。また，単元の最終活動をそのまま用いて，学習の上での到達度を評価するのか，授業の単元学習とは離れた類似場面や話題での自立的使用が可能となっているかどうかの熟達度を評価するのかという点も考える必要があります。

　実際の評価にあたっては，すべての単元で評価を行うことは，時間と労力の両面から難しいため，各学期のどの単元でどの技能を重点的に評価するのかを，年間指導計画を立てる時点で見通しを持って計画しておく必要があります。また，複数回の評価を行った場合，評定としてまとめる際に，単純に平均を取るのか，最終的な評価を優先するのかなど，学習と評価内容の比重も踏まえつつ，決定する必要があります。

② パフォーマンス課題の設計とルーブリック評価

　パフォーマンス評価とは，言い換えると，パフォーマンス課題に基づいて，評価したいと思う能力（Can-Do リストにより到達目標として設定された力）を可視化し，ルーブリックなどを用いて課題における振る舞いから能力を解釈する評価法と考えることができます。ルーブリックはパフォーマンスの質（特徴）を段階的な尺度で記述した評価基準表であり，課題を通してそれらをいかに引き出し，可視化できるかが問われるとされています（松下，2007）。パフォーマンスを引き出すタスクの設計にあたっては，「思考・判断・表現」の観点が重要になります。思考や判断をそのまま直接見ることはできませんが，パフォーマンスでの表現を通して見取ることができ，そのためには，目的や場面・状況をしっかりと設定して，それらを踏まえたパフォーマンスとなるように，言語活動を設計する必要があります。

　ルーブリックを作成するにあたっては，当該の言語活動において，3観点のそれぞれを具体的にどのような項目（ポイント）から評価するかを決定します。例えば，「知識・技能」であれば，パフォーマンスにおいて，言語表現を理解し，正しく用いていることを重視するのか，それとも単元の言語材料に加えて既習表現等も正しく活用できているかを評価するのかを明らかにします。「思考・判断・表現」であれば，「日本に来たばかりの ALT に伝える」など，目的に応じて内容を工夫しているか，状況や場面に応じた適切な表現を用いているかといったポイントが考えられます。「主体的に学習に取り組む態度」は，基本的には「思考・判断・表現」が「～している」となっているところを，「～しようとしている」と置き換えたものとなり，同一の内容となりますが，相手意識の面から，相手に伝わりやすいように工夫をしているかなどの点を含めることができるでしょう。その上でそれぞれの項目で，「十分満足できる（A）」「おおむね満足できる（B）」「努力を要する（C）」などの段階ごとの評価基準を具体的に記述し，採点基準表を作ります。評価の総括においては，それぞれの評価対象となる活動の到達目標における重要性や活動を通しての改善の度合いな

どを総合的に判断します。

　ルーブリック評価にあたっては，採点がぶれないことが重要となるため，ルーブリックの記述の解釈のゆれが極力ないように，それぞれの段階のベンチマークとなるパフォーマンス例を作成し，注釈を付けておくとよいでしょう。パフォーマンスを具体的にイメージすることは，Can-Do リストが現実的で到達可能な目標となっているかを判断する上でも大事であり，また，パフォーマンスから遡って逆向きに授業設計を行うことで，事前に必要な足場となる学習段階を設け，無理なくパフォーマンスに取り組ませることが可能になります。

③ ペーパーテストの作成・活用と留意点

　パフォーマンス評価は主に話すことや書くことといった産出面での評価に用いられ，聞くことや読むことは，授業中のワークシートなどを通して，記録に残る評価をポートフォリオ的に集めることで評価することができます。しかし，総括的評価に用いるには，評価の公平性を厳密に担保しようとすると，解答の前にワークシートを回収するなどの労力が必要となります。そのため，ペーパーテストの形で学習した内容を評価することもできるでしょう。ただし，教科書に付属のものや市販のものを活用するにあたっては，実際に学習した内容と乖離していないか，また，ペーパーテストだけに依存して，ふだんの形成的な評価の側面がなおざりになっていないかなど，十分に留意をする必要があるでしょう。図6.1 は，独自に作成した評価シートの例です。語彙や表現を確認するにあたって，活動で

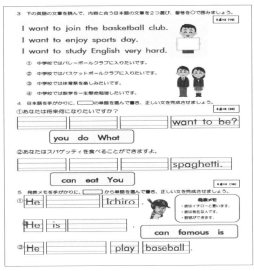

図6.1　知識・理解を評価するためのチェックシート（南丹市立殿田小学校　白樫勝昭教諭の実践）

慣れ親しんだ場面が設定されていることに注目してください。

3節 | 評価の活用事例と作成の手引き

▶1. Can-Do 評価を活用した評価事例と留意点

(1) 単元名: 第4学年「I like Mondays.（好きな曜日について伝え合おう）」（*Let's Try! 2*, Unit 3 参照）

(2) 実践者: 俣野知里教諭（京都教育大学附属桃山小学校）

(3) 単元目標

　　▪ 相手に伝わるように分かりやすく，自分の好きな曜日とその理由について，尋ねたり答えたりして伝え合うことができる。

(4) Can-Do 評価尺度作成と指導の実際

　本事例は，*Let's Try! 2*, Unit 3 を参考に単元構成されています（表6.2）。曜日を尋ねたり答えたりする表現や教科名を表す語に慣れ親しませ，単元の終末に，互いの好きな曜日とその理由を伝え合う活動を設定しています。Can-Do 評価シートを4段階（①〜④）で作成して点検し，自信がなくまだ難しい（①）と自己評価している児童を把握し，事後の授業において支援をします[5]。次ページの図6.2は第3時，および第5時の Can-Do 評価シートです。単元末の活動で「好きな曜日とその理由を伝え合う」ために必要な語彙や表現に十分に慣れ親しませることが大切です。第3時では，誰かの手助けがあれば自分の好きな曜日や教科・動作の言い方を，聞いてわかったり言ったりできる段階を達成目標（③）とし，「一人でできる」段階を児童にとって挑戦的課題（④）として可視化しています。また「半分くらいできる」という段階（②）を設定し，慣れ親しみの活動において，頑張れ

表6.2　単元指導計画

単元計画（全5時間）	
1	▪ 世界の同年代の子どもたちの生活を知るとともに，曜日の言い方や曜日を尋ねたり答えたりする表現について知る。 ▪ アルファベットの大文字の書き方に慣れ親しむ。
2	▪ 曜日の言い方や，曜日を尋ねたり答えたりする表現に慣れ親しむ。 ▪ アルファベットの大文字の書き方に慣れ親しむ。
3	▪ 曜日や教科・動作の言い方や，曜日を尋ねたり答えたりする表現に慣れ親しむ。 ▪ アルファベットの大文字の書き方に慣れ親しむ。
4	▪ 自分の好きな曜日について，尋ねたり答えたりして伝え合う。 ▪ アルファベットの大文字の書き方に慣れ親しむ。
5	▪ 相手に配慮しながら，自分の好きな曜日を伝え合おうとする。

5　4段階での Can-Do 評価尺度については，「小学校英語評価研究会（EASEL）」の冊子（http://www.izumi-lab.jp/easel.html）を参照のこと。

ばもっとできそうだという思いをもたせ，「できない」と思わせないようなCan-Do評価尺度を工夫しています。

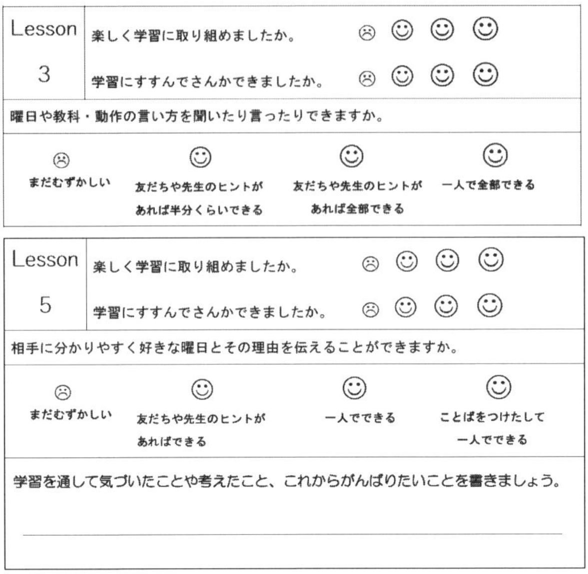
Lesson 3	楽しく学習に取り組めましたか。	☹ ☺ ☺ ☺
	学習にすすんでさんかできましたか。	☹ ☺ ☺ ☺

曜日や教科・動作の言い方を聞いたり言ったりできますか。

☹	☺	☺	☺
まだむずかしい	友だちや先生のヒントがあれば半分くらいできる	友だちや先生のヒントがあれば全部できる	一人で全部できる

Lesson 5	楽しく学習に取り組めましたか。	☹ ☺ ☺ ☺
	学習にすすんでさんかできましたか。	☹ ☺ ☺ ☺

相手に分かりやすく好きな曜日とその理由を伝えることができますか。

☹	☺	☺	☺
まだむずかしい	友だちや先生のヒントがあればできる	一人でできる	ことばをつけたして一人でできる

学習を通して気づいたことや考えたこと、これからがんばりたいことを書きましょう。

図6.2　Can-Do評価シート（第3時・第5時）

単元最終時の第5時では，Let's Talk（ペアの友だちと好きな曜日とその理由について伝え合う）の活動において評価を行っています。これまでに十分に慣れ親しんだ表現を使って，相手に分かりやすく好きな曜日とその理由を伝えることができることを達成目標（③）と設定し，さらに相手に質問をするなど「プラスワン」の表現ができる段階を挑戦的段階（④）として設定しています。本活動時では，デモンストレーションにおいて，やり取りの流れやプラスワンの表現についても示しています。また，前時までの学習においても，コメントをしたり，質問をしたりする表現に親しんできていることもあり，授業後のCan-Do評価シートからは多くの児童が④を選択しており，「ことばをつけたして一人でできる」という満足感や達成感を感じていることが分かりました。

中学年は多くの場合，初めて外国語に触れる段階であり，扱う3領域において，音声を中心として十分に慣れ親しませることが高学年へつなぐ上で重要とされています。「できる」と感じることのできる活動を設計し，外国語に対する動機づけを行うことができるように留意することが大切です。

▶2. ルーブリック評価を活用した評価事例と留意点

(1) 単元名：第6学年「My Summer Vacation（夏休みの思い出を紹介しよう）」（*We Can! 2*, Unit 5）

(2) 実践者：友池奈緒教諭（糸島市立波多江小学校）

(3) 単元目標

- 小学校最後の夏休みの思い出を発表会で紹介し合うために，夏休みに行った場所や食べたもの，楽しんだことについて，互いに分かりやすく自分の考えや気持ちを伝え合うことができる。

▪ 夏休みの思い出に関する簡単な語句や基本的な表現を推測しながら読んだり，音声で十分に慣れ親しんだ簡単な語句や基本的な表現を書いたりすることができる。

(4) ルーブリック評価の作成プロセス

本事例は，「話すこと［やり取り］」「話すこと［発表］」「書くこと」に重点をおいて学習を展開しています。単元のゴールを，「小学校最後の夏休みの思い出発表会」と設定し，さらに，発表会で紹介したことをもとにして「6年生の夏休み日記」を書く活動を最終時に位置づけています。

本単元におけるルーブリック評価は，以下のようなプロセスで作成されました。まず，本単元の最後に，どのような語彙や表現が使えるようになることをめざすのか（最終パフォーマンスモデル）を明確にするために，期待する児童の発話スクリプトを作成しました（図6.3）。単元のゴールを明確にすることは，見取りたい子どもの姿を具体的にイメージできるようにする上でとても重要です。そして，ゴールへ導くために，どのように活動を設計し配列をしていくか，授業デザインを構築していきました。

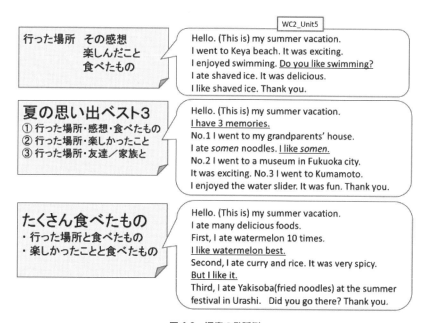

図6.3 児童の発話例

次に，単元目標から内容のまとまり（領域）ごとに評価規準を作成しました。「話すこと［やり取り］」「話すこと［発表］」「書くこと」について，3つの観点「知識・技能」「思考・判断・表現」「主体的に学習に取り組む態度」で設定しています（次ページの表6.3）。

表 6.3　本単元の評価規準（領域別）

	知識・技能	思考・判断・表現	主体的に学習に取り組む態度
話すこと [やり取り]	〈知識〉動名詞や過去形のうち，活用頻度の高い基本的なものを含む文について理解している。〈技能〉夏休みの思い出について，I went to ～. I ate ～. I saw ～. I enjoyed ～. It was (fun / exciting / delicious). を用いて，自分の考えや気持ちなどを伝え合う技能を身につけている。	小学校最後の夏休みの思い出を発表会で紹介し合うために，自分や相手の行った場所や食べたもの，楽しんだこと，感想などについて，簡単な語句や基本的な表現を用いて，互いに分かりやすく伝わるようにして自分の考えや気持ちなどを伝え合っている。	小学校最後の夏休みの思い出を発表会で紹介し合うために，自分や相手の行った場所や食べたもの，楽しんだこと，感想などについて，簡単な語句や基本的な表現を用いて，互いに分かりやすく伝わるようにして自分の考えや気持ちなどを伝え合おうとしている。
話すこと [発表]	〈知識〉動名詞や過去形のうち，活用頻度の高い基本的なものを含む文について理解している。〈技能〉夏休みの思い出について，I went to ～. I ate ～. I saw ～. I enjoyed ～. It was (fun / exciting / delicious). を用いて，自分の考えや気持ちなどを話す技能を身につけている。	小学校最後の夏休みの思い出を紹介するために，自分が行った場所や食べたもの，楽しんだこと，感想などについて，簡単な語句や基本的な表現を用いて，聞き手に分かりやすく伝わるようにして自分の考えや気持ちなどを話している。	小学校最後の夏休みの思い出を紹介するために，自分が行った場所や食べたもの，楽しんだこと，感想などについて，簡単な語句や基本的な表現を用いて，聞き手に分かりやすく伝わるようにして自分の考えや気持ちなどを話そうとしている。
書くこと	〈知識〉活字体の大文字，小文字について理解して四線上に書いている。終止符 (.) や疑問符 (?)，コンマ (,) などの基本的な符号について理解している。〈技能〉夏休みの思い出に関することについて，書く技能を身につけている。	小学校最後の夏休みの思い出を日記で紹介するために，自分が行った場所や食べたもの，その感想等について，簡単な語句や基本的な表現を書き写したり，例文を参考に語順を意識しながら自分の考えや気持ちなどを書いたりしている。	小学校最後の夏休みの思い出を日記に書くために，自分が行った場所や食べたもの，その感想等について，読み手に分かりやすく伝わるようにして慣れ親しんだ語句や表現から選んで，日記に書き写したり書いたりしようとしている。

　本評価規準の作成にあたっては，2019 年 11 月に文部科学省で開催された全国指導主事連絡協議会で配布された資料を参考にしました。この評価規準をもとにし，パフォーマンス評価のためのルーブリックを，長沼・幡井・森本・山川 (2018) を参考にし，「話すこと [発表]」について次ページからの表 6.4 のように作成しました。

表6.4　ルーブリック評価に基づく観点別評価

【単元固有の評価】

観点	評価項目	評価規準	A　十分満足できる状態	B　おおむね満足できる状態	C　努力を要する状態
知識・技能	語彙や表現を使う	〈知識〉動名詞や過去形のうち,活用頻度の高い基本的なものを含む文について理解している。〈技能〉夏休みの思い出について,I went to ～. I ate ～. I saw ～. I enjoyed ～. It was (fun / exciting / delicious). などを用いて,行った場所や食べたもの,楽しんだこと,感想について聞いたり話したりすることができる。	夏休みの思い出について,慣れ親しんだ語句や表現と既習表現を組み合わせて話すことができた。	夏休みの思い出について,慣れ親しんだ語句や表現を用いて話すことができた。	学習した表現を用いて,夏休みに行った場所,食べたもの,楽しんだこと,感想などについて話すことがまだ難しい。
思考・判断・表現	考えの整理 対話の継続のためにどんな表現を選んでいるか	小学校最後の夏休みの思い出について紹介するために,行った場所や食べたもの,楽しんだこと,感想について,例を参考にどのような構成で伝えるか整理して伝えている。	夏休みの思い出について,聞き手や読み手に分かりやすく伝わるようにして,慣れ親しんだ語句や表現と既習表現を組み合わせながら,話したり書いたりする内容を膨らませて伝えている。	夏休みの思い出について,自分が伝えたい内容が聞き手や読み手に分かりやすく伝わるように,例文を参考にしながら,順序立てて伝えている。	夏休みの思い出について,自分の考えや気持ちを整理したり,伝えたりすることがまだ難しい。
主体的に学習に取り組む態度	相手意識 対話の継続	小学校最後の夏休みの思い出を発表会で紹介し合うために,行った場所や食べたもの,楽しんだこと,感想などについて,互いに分かりやすく伝わるようにして,自分の考えや気持ちなどを伝え合おうとしている。	夏休みの思い出について,自分が伝えたい内容が聞き手や読み手に分かりやすく伝わるように,慣れ親しんだ語句や表現と既習表現を組み合わせながら用いて伝えようとしている。	夏休みの思い出について,自分が伝えたい内容が聞き手や読み手に分かりやすく伝わるように,慣れ親しんだ語句や表現を用いて伝えようとしている。	夏休みの思い出について,聞き手や読み手に分かりやすく伝わるようにして,話したり書いたりしようとする姿がみられない。

155

【プレゼンテーションの評価】

観点	評価項目	評価規準	A　十分満足できる状態	B　おおむね満足できる状態	C　努力を要する状態
知識・技能	語彙や表現を使う	〈知識〉動名詞や過去形のうち，活用頻度の高い基本的なものを含む文について理解している。〈技能〉夏休みの思い出について，I went to ～. I ate ～. I saw ～. I enjoyed ～. It was (fun / exciting / delicious). などを用いて，行った場所や食べたもの，楽しんだこと，感想について聞いたり話したりすることができる。	夏休みの思い出について，慣れ親しんだ語句や表現と既習表現を組み合わせて話すことができた。	夏休みの思い出について，慣れ親しんだ語句や表現を用いて話すことができた。	学習した表現を用いて，夏休みに行った場所，食べたもの，楽しんだこと，感想などについて話すことがまだ難しい。
思考・判断・表現	スピーチの構成 即興性 対話の継続のためにどんな表現を選んでいるか	例文を参考に語順を意識して書くことができる。聞き手の反応を考えて尋ねることができる。	既習の語彙を追加して，内容を膨らませて書くことができる。 聞き手の反応を考えて尋ねることができた。	テキストや指導者の例文を参考にして，語順に気をつけて書くことができた。	例文を参考にしながら書くことがまだ難しい。
主体的に学習に取り組む態度	聞き手に分かりやすく話す 対話の継続	相手が聞き取りやすいスピードや間を考え，相手の理解を確かめながら話そうとする。	スピーチの途中で聞き手に尋ねたり，相手の理解に応じて繰り返したり間を取ったりしながら発表しようとしている。	相手の理解を確かめながら，間を意識しながら発表しようとしている。	相手の理解を確かめながら，発表しようとする姿がみられない。

(5) ルーブリックの活用の実際

単元の導入から前半においては，毎時間記録に残す評価は実施していませんでしたが，児童の活動における様相観察を通して，座席表補助簿等を作成し，随時，形成的評価や個別の支援を行い，授業改善と学習改善を図りました。

単元中期では，主にやり取りの活動場面での「中間評価」においてルーブリック表を活用しました。達成目標はＢの姿ですが，Ａの姿により近づくような発問をし，考えや気持ちを相手により詳しく伝えるための表現等の工夫の視点を与えるようにしました。

単元終末の言語活動の「小学校最後の夏休みの思い出発表会」において記録に残す評価を実施しました。学級担任が，実際に発表会の様子を観察しながら，図 6.4 に示すような評価基準を設定し，一人ひとりの発表を聞き，名簿型の評価簿に記録しました。

A+	伝えている内容が具体的， 聞き手を巻き込む質問　Do you like ～？
A	まとまりのある話し方 I went to ~.　I enjoyed ~. I ate ~. It was ~.
B	[with hint WC2 Unit5 P34,35] I went to ~.（一文のみ・単語のみ） たどたどしくても夏休みに行ったところや 楽しんだこと，食べたもの，感想等を 伝えている
C	・・・(Silent)

図 6.4　評価基準 (第 8 時)

学期末には，ALT と JTE でパフォーマンス評価を実施しました。パフォーマンス課題は「夏休みについて話す」「どんな夏休みだったか話す」を主として，図 6.5 に示す「パフォーマンステストシート」を活用しながら評価を実施しました。ルーブリック表をもとに，「話すこと［やり取り］」の思考・判断・表現の観点から評価を行う際，ある程度のやり取りの長さを聞き取る必要があります。また，見取りにかかる時間の確保も求められます。

6年（　1　・　2　・　3　・　4　）組　（名前　　　　　　　　　　　　）

パフォーマンステスト　問題　2019 #1
6年

※・・・silent の場合でも、Hint, please. One more time, please.等があれば B

①	How are you ? ①教師が自分が答えてみる ②選択肢 Good? Hungry?	A+	I'm good.
		A	good.
		B	[with hints] I'm good.　または Good.
		C	・・・(Silent)
②	What's your name ?	A+	My name is (名字)(名前).
		A	(名字)(名前).または(名前)，(名字)
		B	[with hints] My name is ～?と促す
		C	・・・(Silent)
③	What day is it today ? ① ♪ Sunday, Monday の歌 ②答えを言う	A+	It's Tuesday.
		A	Tuesday.
		B	[with hints] Tuesday.
		C	・・・(Silent)
④	When is your birthday ? ※質問がわかっていない場合 →教師が自分のを答える ※答え方がわからない場合 ②選択肢の学習プリント提示 ③順に聞く January?	A+	My birthday is October 1st.
		A	October 1st.
		B	[with hints]
		C	・・・(Silent)
⑤	What season do you like ? ①選択肢のイラストを見せる ②例を挙げる Spring? Summer? すぐ答えたら Why?と聞く	A+	I like Spring/Summer/Autumn (fall) /Winter. ※すぐ答えたら Why?と聞く →（Because,何らかの理由）
		A	Spring / Summer / Autumn(fall) / Winter.
		B	[with hints] 選択肢のイラスト
		C	・・・(Silent)
⑥	Please tell me about your summer vacation. How was your summer vacation ? ※どんな言葉で伝えているか メモを取る	A+	伝えている内容が具体的， 聞き手を巻き込む質問　Do you like ～？
		A	まとまりのある話し方 I went to ~.　I enjoyed ~. I ate ~. It was ~.
		B	[with hint WC2 Unit5 P34,35] I went to ~.（一文のみ・単語のみ） たどたどしくても夏休みに行ったところや 楽しんだこと，食べたもの，感想等を 伝えている
		C	・・・(Silent)

図 6.5　パフォーマンステストシート

以上のように，単元計画の段階から目標と一体化した評価の観点および内容を明確にし，児童の実態に応じたきめ細やかな評価基準および方法を工夫して

いくことが求められます。本節で紹介した事例のように，教師（評定）のための評価に留めず，児童にとって励ましとなるような評価，成長の機会を与える評価となるような取り組みを進めていきたいものです。

（長沼君主，赤沢真世，大田亜紀）

7章
特別支援教育の視点を取り入れた外国語授業

英語授業におけるつまずきや困難さには，さまざまな背景や要因があります。一見，同じように見える困難さも，その理由や原因は異なる可能性があります。そのため児童の様子を丁寧に見取り，原因を分析し個人に合わせた支援や工夫が必要となります。また困難さには，学級活動や他教科でみられる困難さと，英語学習に特有の困難さがあります。本章では，すべての教科指導で共通して取り組めるユニバーサルデザインの考え方と，英語学習特有のつまずきの背景，支援や工夫の在り方について概説します。

1 節 | 学びのユニバーサルデザイン

▶1. 学びのユニバーサルデザインとは

昨今，特に特別支援教育への関心が高まり，我が国でも遅ればせながら，特別支援教育の視点を取り入れた外国語授業に関する研究や実践がみられるようになってきました。小学校学習指導要領（2017年告示）の「指導計画の作成と内容の取扱い」でも，すべての教科において特別支援の視点から「障害のある児童などについては，学習活動を行う場合に生じる困難さに応じた指導内容や指導方法の工夫を計画的，組織的に行うこと」という記述があげられています。

また，教育現場においても「UDL」という言葉がずいぶん浸透してきました。これはUniversal Design for Learning（以下，UDL）の頭文字をとったもので，「学びのユニバーサルデザイン」と訳されています。このような言葉が出てくる背景には，昨今，教育現場において，さまざまな特性のある児童生徒の多様性を理解し，受け入れ，多様な学びにより柔軟に対応しようとする教育的配慮の必要性が認識されるようになってきた事情があります。つまり，際立った特性の有無にかかわらず，クラス全員が「分かる，できる，参加できる」授業をめざそうとする教育実践が求められています。

UDLの概念開発に関わったCAST（Center for Applied Special Technology）によると，UDLとは「すべての学習者に対する学びの実現をめざしたカリキュラム開発のための枠組み」（2011）と定義され，学習者一人ひとりに応じた教育支援や配慮を積極的に提供し，学習者の自律性を高めていくことが重視されています。このような支援や配慮は，際立った特性

のある児童にとっては「ないと困る」ものであり，それ以外の児童にも「あると便利」な
ものです。通常の学級において，学習者一人ひとりの個性に配慮した柔軟な目標，内容，方
法，教材，評価方法に基づいた指導や支援が計画的，組織的に提供されることが期待され
ています。その根底には，通常の学級において，際立った特性のある学習者が定型発達の
学習者とともに学ぶことができる，いわゆる「インクルーシブ教育システム」を構築しよ
うとする考えがあると考えられます。また，UDLの考え方としては，つまずいてからの支
援よりも，学習者が遭遇するであろうと思われる困難さを予測しながら，そのつまずきを
回避することが重要であるとされています（村上，2019）。

▶2. ユニバーサルデザインの視点を活かした指導，支援のポイント

　ここでは，ユニバーサルデザインの視点を活かした指導，支援のポイントをあげてみま
しょう。ただし，下記にあげるポイントは，学び方が異なる学習者の目標達成のための一
つの方略にすぎません。大切なことは，指導者が児童生徒一人ひとりをつぶさに見て，試
行錯誤しながら本人に合った学び方を見つけ，指導，支援することです（鈴木，2018）。

① 授業の冒頭に，本時の授業の流れを黒板などに提示することで，学習者に授業の見通
　 しを持たせ，主体的に活動できるように計らう。それぞれの活動終了後は該当箇所に
　 チェックを入れたり，消したりする。

② 授業の流れや活動をある程度パターン化しておく。そうすることで，こだわりが強く
　 急な変化に戸惑いを感じる学習者の不安材料を軽減することができる。

③ 指導者の説明や指示は短く，はっきり，分かりやすく行う。「一言一意味」を基本と
　 し，繰り返すことも必要である。

④ イラスト，写真，ポスター，動画，ICT・マルチメディア教材などを有効活用する。
　 そうすることで，学習者のさまざまな認知特性に対応でき，学習内容の理解を促すこ
　 とができる。

⑤ 板書の際には，チョークの色，文字の大きさ，行間に配慮したり，ルビを振る，アン
　 ダーラインを施す，罫線で囲むなどの工夫をする。なお，チョークの色は基本的には
　 白と黄色とし，罫線で囲んだり，下線部を引いたりするときは赤や青を使用するとよい。

⑥ 個人ワーク，ペアワーク，グループワークなどさまざまな学習形態を設定する。特に，
　 協働学習においては，個々の得意領域を活かしながら，互恵的な学びを促すとともに，
　 相互に分かる喜びを共有したり，達成できたことを承認し合ったりする（川﨑，2015）。

⑦ 学習方法や表現方法については，さまざまなやり方があることを提示し，学習者に自

らの特性や学習スタイルに合わせて選択させる。例えば，発表する際には，写真や絵，プレゼンテーションソフトを使ったり，動画を製作し発表させたりすることができる。

⑧ 学習者の興味・関心，得意領域を加味した話題や課題を設定する。また，学習者の理解度に応じた発問をしたり，指名の仕方を工夫したりする。

⑨ 指導者から学習者，また学習者同士で，ほめ合う，温かいフィードバックを与え合うことを習慣化する。授業では学習者にできるかぎり多く「分かった！」「できた！」と実感させる機会を設けるとともに，小さな進歩がみられたら，クラス全体の前でほめ，当該児童生徒のクラスにおける存在価値を高める。

⑩ 学習の目標と達成するための学び方を意識させ，実行させる。学習後には振り返りの機会を持ち，達成できた点，およびできなかった点とその原因を意識させ，次回のよりよい学習へとつなげる。

上記 ①～⑩ に加えて，教室の物理的環境を整えることも大切です。

⑪ 座席の位置を工夫する，掲示物を精選する，棚は中身が見えないようにカーテンをつける，机配置のサインとするためのテープを床に貼る，など。

　上述したユニバーサルデザインの基本概念に配慮した授業では，一人でも多くの児童生徒が安心して授業に参加し，学ぶ喜び，分かる楽しさ，達成感を味わうことができるはずです。ただし，ここで留意すべきは，授業が「形」だけにならないことです。花熊 (2014) は「形」だけのユニバーサルデザイン化された授業について，「UD が「形」になってしまうと，目の前にいる子どもから始まる「生きた授業」からかけ離れてしまい，子どもたちにとって「ワクワク感」のない退屈な授業になってしまう恐れがある。また，「形」だけの UD は，個々の教師の個性や授業における工夫を封殺してしまう危険もある」(pp. 54–55) と述べています。つまり，ただ単に学習の見通しを視覚化したり，協働学習を取り入れたりするのではなく，子ども一人ひとりの実態を把握し，個に応じた UD 化を工夫しながら，子どもの主体性や思考が十分に発揮されるような授業を創造していくことが最も大切であることを示唆しています。

　ユニバーサルデザイン化された授業で最も大切なことは，集団をフレームにあてはめ，機械的に均一化するのではなく，学習者の学び方の違いに焦点を当てながら支援し（森田，2016），学習者一人ひとりが持つ力を最大限に引き出し，親身に育てていこうとする指導者の姿勢です（冨藤，2015）。したがって，授業では，一斉授業を基本としながらも，特性の強さなどが原因で目標基準を達成していない学習者には，上述の 11 項目も参照しつつ，個

別の指導計画を立てて支援することが求められます。

2節 | 英語特有の困難さと具体的な支援例

前述の，どの教科でも取り組めるユニバーサルデザインの枠組みを踏まえ，英語に特有な困難さとその背景，そして具体的な支援例を紹介したいと思います。

▶1. 聞く・話すことが難しい児童への支援

「聞くこと」が難しい背景・理由も，「日本語にない音を聞き取る・聞き分けることが難しい」「集中力に課題がある」など，多岐にわたります。

① 日本語にはない音・語彙・表現への支援

外国語を学ぶ上で，まずは日本語と異なる音や表現などに慣れることが大切ですが，数の上でも日本語より英語のほうが，母音，子音とも多いのです。研究者により数え方が異なりますが，日本語と英語を比べると，母音は日本語 5 音素に対し英語は 20 音素，子音は日本語 16 音素に対し英語は 24 音素と言われます (Crystal, 2002)。日本語に存在しない音のイメージを児童にもたせることが重要で，そのことはやがて，「書くこと」にも繋がってきます。

(1) 分からない音・言葉があっても大丈夫という環境づくり

誰にとっても外国語は最初分からないことばかりですが，特に新しいことへの不安が強い児童，外国語というだけで分からないと思い込む児童，完璧を望むがために聞くことや話すことを躊躇している児童には，「最初は分からなくても大丈夫」と伝えることが大切です。そして英語を聞いて状況，意味，音等，どのレベルでも分かったことがあれば，しっかりほめてあげましょう。

(2) いろいろな活動を通して，英語の音や表現をたくさん聞かせる

たくさん聞かせるには，必ずしも学級担任が英語を話さなくても，CD や DVD を活用したり，ALT の先生等に活躍してもらうことが可能です。また児童に聞くポイント（場所や時期など），背景知識（いつ，どこで，誰がなど）を説明しておくことも有効です。

(3) 難しい単語や表現は区切る，ゆっくり，視覚情報を加える等のスモールステップで

例えば February という語の場合，February と一塊で聞かせるとともに，日本語にはない F の音の作り方を一緒に試したり，児童に分かりやすいように，Fe・b・rua・ry と区切

りながら言ってみることもできます（英語の音節の区切り方はこれとは異なります）。さらに意味と結びつけるには、「2月」を思い起こす絵カードを添えると定着しやすくなります。

② 集中力に欠ける児童への工夫

　集中力に欠ける児童がいる場合は、短めの活動を組み合わせることが有効です。また、じっとしていられない児童がいる場合は、動きを含めてみましょう。単語の練習でも、手拍子を加える、立って言ってみるなど、小さな動きでも構いません。指導者とのデモンストレーションに登場してもらってもよいでしょう。

▶2. 多感覚と関心領域を活用したインプットと覚え方の工夫

　新しい言葉（情報）を紹介する際、またそれを覚えておく際、口に出したり耳で聞いたりする以外のさまざまな感覚（多感覚）を活用する方法が有効です。特に支援を必要とする児童には、本人が得意な感覚、関心領域の活用が大切です。前述のとおり外国語学習では耳から慣れることが基本ですが、インプットされやすい方法も人によって異なります。絵や文字で見たほうが記憶に残りやすい児童、体を動かすほうが覚えやすい児童など、さまざまです。「多感覚」を用いての学習法は、英語圏でも積極的に取り入れられています。特に文字を書く前に、さまざまな感覚を活用して文字の形や音に慣れ親しませることが有効です。文字カードカルタ、モールや粘土などを使っての文字づくり、空書きをはじめ、触覚を活用し机の上や少しザラザラした物の上に指で書いてみるなど、いろいろな可能性が考えられます（大谷・飯島・築道他、2018）。

　また、児童が関心をもっていることに関連させると、情報が入りやすく、記憶に残りやすくなります。例えば外来語にある英語を学ぶ際、児童が好きなスポーツや食べ物などに関連させるとよいでしょう。特に、自閉症の傾向があり関心領域が限定されがちな児童には、少しでも本人の興味がある分野に触れさせることで、注意が向く可能性が高くなります。

　記憶・定着については、なかなか覚えられない児童や、単語は大丈夫でも文になると難しい児童もいます。この「記憶」については、「記銘」「保持」「想起」の3要素があります。前述のインプットは「記銘」にあたりますが、他の2要素についても、本人が覚えやすいイメージや感覚を加えることが支援につながります。例えば児童自身が作ったうたや物語を使うと保持、想起がしやすくなることがあります。また別の例では、bの形を「バット（左側の縦線）とボール（右側の○）」（小野村・北村、2006）で覚えることができた児童がいます。両手それぞれの親指と人差し指で丸を作り、左手で作ったものをb、右手で作ったものをdと覚えることもできます。

▶3. 人との関わりへの支援

　外国語の授業の大きな特徴として，人との関わりがあげられます。人との関わりが難しいことは，自閉症スペクトラムの特徴の一つでもありますが，そのほかにも場面緘黙や，話すことの完璧さを求めるがゆえに，人との関わりを躊躇する児童もいます。よく使う表現を一緒に練習しながら，指導者や話しやすい友だちとのやり取りから始め，少しずつ輪を広げていくことも可能です。また，言葉でのやり取りがかなり難しい場合は，教科書の絵やコミュニケーションボードなど，絵を指さしながら気持ちを伝えることもできます。

▶4. 音韻認識の弱さへの支援と読み書き障害（ディスレクシア）

　日本語でも音韻認識の弱さや音韻操作に困難さを持つ児童がいます。しりとりがうまくできなかったり，促音や拗音のつまずきなどがあげられます。英語の場合は，アルファベットの「音読み」を含め，音と文字の規則性を学ぶフォニックスを活用することにより，英語の音韻意識を高め，音韻操作を行うこともできます (⇒第2部3章)。

表7.1　読み書き障害の発生率
(Uno, *et al.,* 2009 より)

	音読	書字
ひらがな	0.2%	1.6%
カタカナ	1.4 %	3.8%
漢字	6.9%	6.1%

　音韻認識の弱さも主原因の一つである読み書き障害（ディスレクシア）については，言語の特性により発生率が異なります。表7.1のとおり，日本語のなかでも文字の種類によって障害の発生率が異なりますが，英語圏における発生率は10～20％ と言われます。すなわち日本語では見つからなかった読み書き障害が，英語学習で現れる可能性もあります。

　読みについては，例えば白地が読みにくい場合は，カラーのクリアーシートをかけたり，どの行を読んでいるか分からなくなる場合は，ものさしや拡大ルーペを活用することもできますが，児童によっては視知覚検査が必要な場合もあります。書くことについては前述のとおり，紙に書く前にさまざまな感覚で形をとらえ認識した上で，4線を使って，高さや大きさを意識しながら書くことが大切です。また児童によっては，4線の拡大コピーや基線の強調，4線の間に異なる色を付けて分かりやすくするなどの支援も役立ちます。

　繰り返しになりますが，まずは困っている児童の様子を丁寧に見取り，原因を分析した上で有効な工夫・支援策を検討しましょう。ICT も有効な手立てですが，唯一絶対の方法があるわけではありません。各学校・学級で使用可能な機器等の状況に応じ，また教師の負担になりすぎない範囲で支援を考えていくことが大切です。

（加賀田哲也，大谷みどり）

引用文献

アレン玉井光江 (2018). 『小学校英語の教育法──理論と実践』東京: 大修館書店.

アレン玉井光江 (2019). 『小学校英語の文字指導──リタラシー指導の理論と実践』東京: 東京書籍.

新井謙司 (2019). 「小学生の英語学習向上に影響する要因 (意識調査・民間英語試験・授業分析の結果より)」『中部学院大学・中部学院大学短期大学部 教育実践研究』第5巻, 11-21.

内田伸子 (1999). 『発達心理学──ことばの獲得と教育』東京: 岩波書店.

大谷みどり・飯島睦美・築道和明・小川巌・樋口和彦 (2018). 『英語学習者のつまずきを意識した英語指導の在り方──その理論と指導例』(科学研究費助成事業報告書 課題番号: 25284105)

小野村哲・北村直子 (2006). 『よめる かける ABC 英語れんしゅうちょう』つくば: NPO 法人リヴォルヴ学校教育研究所.

川﨑育臣 (2015). 「特別支援学級・学校における実践」(pp. 209-220). 吉田晴世・加賀田哲也・泉惠美子 (編) 『英語科・外国語活動の理論と実践──グローバル時代に生きる子どもたちの育成のために』京都: あいり出版.

久埜百合他 (編) (2010). 『語研ブックレット3 小学校英語1 子どもの学習能力に寄り添う指導方法の提案から』東京: 一般財団法人語学教育研究所第10研究グループ.

久埜百合・相田眞喜子・入江潤 (2011~2013). 『早期英語 Can-Do の研究 (児童の学習意欲向上を図る自己評価の効果を探る調査)』日本英語検定協会助成研究.

国立教育政策研究所 (2020). 『「指導と評価の一体化」のための学習評価に関する参考資料 (小学校、中学校)』国立教育政策研究所.
https://www.nier.go.jp/kaihatsu/shidousiryou.html

新村出 (編) (2008). 『広辞苑 (第六版)』東京: 岩波書店.

鈴木冴子 (2018). 「学習に「困り感」を抱えた生徒に寄り添う」『英語教育』4月号, 26-27.

テュレ, E. (著), 谷川俊太郎 (訳) (2010). 『まるまるまるのほん』東京: ポプラ社.

天満美智子 (1982). 『子どもが英語につまずくとき──学校英語への提言』東京: 研究社出版.

冨藤賢二 (2015). 「英語教育における授業のユニバーサルデザイン, 特別支援」(pp. 78-87). 吉田晴世・加賀田哲也・泉惠美子 (編) 『英語科・外国語活動の理論と実践──グローバル時代に生きる子どもたちの育成のために』京都: あいり出版.

直山木綿子 (2020). 「外国語活動・外国語科における学習評価の改善と指導の充実」『初等教育資料』3月号 (No. 991), 16-22.

長沼君主・幡井理恵・森本敦子・山川拓 (2018). 「小学校英語でのパフォーマンス評価におけるCan-Do評価の用い方に関する一考察」『日本児童英語教育学会研究紀要』第37号, 187-204.

羽鳥博愛 (2000). 『学研の英語ずかん 6──ABCあそび』東京: 学習研究社.

花熊暁 (2014). 「学校全体で取り組むユニバーサルデザインとは」(pp. 49-55). 柘植雅義 (編) 『ユニバーサルデザインの視点を活かした指導と学級づくり』東京: 金子書房.

松下佳代 (2007). 『パフォーマンス評価──子どもの思考と表現を評価する』東京: 日本標準.

村上加代子 (2019). 「教科におけるユニバーサルデザインの実現に向けて」『英語教育』10月増刊号, 46-47.

森田琢也 (2016). 「ゆっくり学ぶ生徒たちのために, できること・すべきこと」『英語教育』5月号, 28-29.

文部科学省（2009）.『「教育の情報化に関する手引」作成検討会（平成30年度）（第4回） 配付資料』
文部科学省のホームページ
https://www.mext.go.jp/b_menu/shingi/chousa/shotou/056/shiryo/1249660.
htm 2020年1月3日

文部科学省（2012）. *Hi, friends! 1, 2*.（小学校外国語活動用共通教材）

文部科学省（2013）.『各中・高等学校の外国語教育における「CAN-DOリスト」の形での学習到達
目標設定のための手引き』
https://www.mext.go.jp/a_menu/kokusai/gaikokugo/1332306.htm

文部科学省（2017a）.『小学校学習指導要領』.

文部科学省（2017b）.『小学校学習指導要領（平成29年度告示）解説　外国語活動・外国語編』東京:
開隆堂出版.

文部科学省（2017c）.『小学校外国語活動・外国語研修ガイドブック』東京: 旺文社.

文部科学省（2018a）.『学習者用デジタル教科書の効果的な活用の在り方等に関するガイドライン』
https://www.mext.go.jp/b_menu/shingi/chousa/shotou/139/houkoku/
1412207.htm.

文部科学省（2018b）. *Let's Try! 1, 2*.（小学校外国語活動　第3, 4学年用教材）

文部科学省（2018c）. *We Can! 1, 2*.（小学校外国語　第5, 6学年用教材）

文部科学省（2019）.『新しい時代の小等中等教育の在り方 論点取りまとめ』
https://www.mext.go.jp/b_menu/shingi/chukyo/chukyo4/houkoku/
1382996_00003.htm

吉田晴世・田縁眞弓・泉惠美子・加賀田哲也（2016）. *Enjoy! Phonics. 1*. 大阪: 増進堂・受験研究社.

『グローバル・スタディ』（3・4年）. 埼玉: さいたま市教育委員会.

『みんなとまなぶ しょうがっこう こくご 一ねん 上』2015年度版. 東京: 学校図書.

Blue Sky 5. 2020年度版. 大阪: 新興出版社啓林館.

Junior columbus 21 Book 2（5〜6年）. 東京: 光村図書出版.

Adams, M. J. (1990). *Beginning to read: Thinking and learning about print*. Cambridge,
MA: MIT Press.

Buck, G. (2001). *Assessing listening*. Cambridge: Cambridge University Press.

CAST. (2011). *Universal design for learning guidelines version 2.0*. Wakefield, MA.

Crystal, D. (2002). *The English language* (2nd ed). London: Penguin.

Ehri, L. C. (2006). Alphabetics instruction helps students learn to read. In R. M. Joshi &
P. G. Aaron (Eds.), *Handbook of orthography and literacy* (pp. 649-677). New
York: Routledge.

Ethnologue. (2019). Languages of the world: English. Retrieved from
https://www.ethnologue.com/language/eng

Garton, A., & Pratt, C. (1998). *Learning to be literate: The development of spoken and
written language* (2nd ed.). Hoboken, NJ: Wiley-Blackwell.

Hatcher, P. J., Hulme, C., & Ellis, A. W. (1994). Ameliorating early reading failure by integrating the teaching of reading and phonological skills: The phonological linkage hypothesis. *Child Development, 65* (1), 41-57.

Levelt, W. J. M. (1989). *Speaking: From intention to articulation.* Cambridge, MA: MIT Press.

Long, M. H., & Robinson, P. (1998). *Focus on form: Theory, research, and practice.* In C. Doughty & J. Williams (Eds.), *Focus on form in classroom second language acquisition* (pp. 15-41). Cambridge: Cambridge University Press.

Martin, B., & Carle, E. (1967). *Brown bear, brown bear, what do you see?* London: Puffin Books.

National Reading Panel. (2000). *Report of the national reading panel: Teaching children to read.* Washington, DC: National Academy Press.

Parr, T. (2001). *It's okay to be different.* New York: Little, Brown and Company.

Parr, T. (2003). *The peace book.* New York: Little, Brown Books for Young Readers.

Richards, J. C., & Rodgers, T. S. (2014). *Approaches and methods in language teaching* (3rd ed.). Cambridge: Cambridge University Press.

Shanahan, T., & Lonigan, C. (2012). The role of early oral language in literacy development. *Language Magazine: The Journal of Communication and Education.* Retrieved from
http://languagemagazine.com/?page_id=5100.

Snow, C. E., Burns, M. S., & Griffin, P. (1998). *Preventing reading difficulties in young children.* Washington, DC: National Academy of Sciences-National Research Council.

Swain, M. (1998). Focus on form through conscious reflection: Three functions of output in second language learning. In C. Doughty & J. Williams (Eds.), *Focus on form in classroom second language acquisition* (pp. 64-81). Cambridge: Cambridge University Press.

Uno, A., Wydell, T. N., Haruhara, N., Kaneko, M., & Shinya, N. (2009). Relationship between reading/writing skills and cognitive abilities among Japanese primary-school children: Normal readers versus poor readers (dyslexics). *Reading and Writing, 22* (7), 755-789.

Willems, M. (2010). *We are in a book!* New York: Hyperion Books for Children.

執筆者
一覧

泉惠美子 (関西学院大学教授)　　　　　　　　　　　第1部1章2節，第1部3章1節
小泉　仁 (東京家政大学教授)　　　　　　　　　　　第1部2章1節
築道和明 (広島大学名誉教授)　　　　　　　　　　　第1部2章2節
大城　賢 (琉球大学名誉教授)　　　　　　　　　　　第1部1章3節
酒井英樹 (信州大学教授)　　　　　　　　　　　　　第2部3章1, 2節
　　　　　　　　　　＊
赤沢真世 (佛教大学准教授)　　　　　　　　　　　　第2部6章1節，2節図6.1
浅井麻衣子 (埼玉県さいたま市立尾間木小学校教諭)　第1部2章1節
新井謙司 (中部学院大学准教授)　　　　　　　　　　第2部4章
アレン玉井光江 (青山学院大学教授)　　　　　　　　第2部3章3, 4節
大田亜紀 (別府大学短期大学部准教授)　　　　　　　第2部6章3節
大谷みどり (島根大学教授)　　　　　　　　　　　　第2部7章2節
加賀田哲也 (大阪教育大学教授)　　　　　　　　　　第2部7章1節
加藤拓由 (岐阜聖徳学園大学准教授)　　　　　　　　第2部5章1節1, 5章2節
狩野晶子 (上智大学短期大学部教授)　　　　　　　　第1部1章4節
國方太司 (大阪成蹊大学教授)　　　　　　　　　　　第2部1章
久米優子 (The Japanese School of New York教諭)　　第1部2章3節
杉浦宏昌 (至学館大学准教授)　　　　　　　　　　　第1部2章3節
髙橋一幸 (神奈川大学教授)　　　　　　　　　　　　第1部3章2節
武部八重子 (岐阜県岐阜市立長良東小学校教諭)　　　第1部1章1節
巽　徹 (岐阜大学教授)　　　　　　　　　　　　　　第1部1章1節
田縁眞弓 (ノートルダム学院小学校，京都教育大学非常勤講師)　第1部1章2節
長沼君主 (東海大学教授)　　　　　　　　　　　　　第2部6章2節 (図6.1を除く)
新山美紀 (久留米大学准教授)　　　　　　　　　　　第2部5章1節2, 5章3節
西原美幸 (広島大学附属小学校主幹教諭)　　　　　　第1部2章2節
幡井理恵 (昭和女子大学附属昭和小学校講師)　　　　第1部1章4節
俣野知里 (京都教育大学附属桃山小学校教諭)　　　　第1部3章1節
松原木乃実 (聖マリア小学校非常勤講師)　　　　　　第1部3章2節
松宮奈賀子 (広島大学准教授)　　　　　　　　　　　第2部2章
山中隆行 (琉球大学教育学部附属小学校教諭)　　　　第1部1章3節
　　　　　　　　　　＊
土屋佳雅里 (東京成徳大学助教)　　　　　　　　　　本文イラスト (33ページ，88ページ)

〈編者紹介〉

泉惠美子（いずみ・えみこ） 関西学院大学教授。日本児童英語教育学会（JASTEC）副会長，関西英語教育学会（KELES）会長他。京都教育大学教授を経て現職。著書に『新編 小学校英語教育法入門』『小学校英語内容論入門』（以上，共編著，研究社）など。

小泉 仁（こいずみ・まさし） 東京家政大学教授。日本児童英語教育学会（JASTEC）会長。東京学芸大学附属高等学校教諭，文部省・文部科学省教科書調査官，近畿大学教授などを経て現職。著書に『改訂版 新しい英語科授業の実践』（共著，金星堂）など。

築道和明（ついどう・かずあき） 広島大学名誉教授。日本児童英語教育学会（JASTEC）理事。著書に『教師教育講座 第16巻 中等英語教育』（共著，協同出版），『小学生の英語指導——何をめざして，何から始めるか』（単著，明治図書出版）など。

大城 賢（おおしろ・けん） 琉球大学名誉教授。日本児童英語教育学会（JASTEC）前副会長。著書に『小学校新学習指導要領ポイント総整理 外国語』（編著，東洋館出版社），『小学校英語早わかり 実践ガイドブック』（共編著，開隆堂）など。

酒井英樹（さかい・ひでき） 信州大学教授。日本児童英語教育学会（JASTEC）事務局長。著書に『「学ぶ・教える・考える」ための実践的英語科教育法』（共編著，大修館書店），『小学校で英語を教えるためのミニマム・エッセンシャルズ』（共編著，三省堂）など。

KENKYUSHA
〈検印省略〉

すぐれた小学校英語授業 —— 先行実践と理論から指導法を考える

2020年10月30日 初版発行

編 者	泉惠美子・小泉 仁・築道和明・大城賢・酒井英樹
発行者	吉 田 尚 志
発行所	株式会社 研 究 社
	〒102-8152 東京都千代田区富士見 2-11-3
	電話 （編集）03-3288-7711（代）
	（営業）03-3288-7777（代）
	振替 00150-9-26710
	http://www.kenkyusha.co.jp
印刷所	研究社印刷株式会社

装丁 宮崎萌美（Malpu Design）
本文デザイン 佐野佳子（Malpu Design）
カバー装画 ミヤタチカ
Printed in Japan
ISBN978-4-327-41104-6 C3082